Autor

Thomas Wiewiora

Geschichten vom Rande des Lebens betrachtet oder aus einer verkorksten Ecke heraus!

© 2019 Thomas Wiewiora

1. Auflage
Umschlaggestaltung, Illustration: Thomas Wiewiora
Aufzeichnungen aus den Jahren 1986–1989

Verlag: tredition GmbH, Halenreie 40-44, 22359 Hamburg

ISBN Paperback: 978-3-7482-5921-3
ISBN Hardcover: 978-3-7482-5922-0
ISBN E-Book: 978-3-7482-5923-7

Bibliografische Informationen der Deutschen Nationalbibliothek:
Die Deutsche Nationalbibliothek verzeichnet diese Publikation in der
Deutschen Nationalbibliografie; detaillierte bibliografische Daten
sind im Internet über http://dnb.d-nb.de abrufbar.

Tausend Meilen!

Tausend Meilen sind mein Weg nach Haus,
durchs brache Land,
durchs dreckigst Elend zieht's mich lang.
Tausend Meilen!
Tausend Meilen muss ich laufen
über Berg und Tal,
jeden Menschen lass ich stehen,
denn meine Füße müssen weiter gehen,
um meine Heimat zu sehen.
Jede Meile ist wie tausend
und tausend ist die Prüfung.
Eines Tages werd ich's schaffen.
Tausend Meilen zu gehen,
um meine Heimat zu sehen.
Tausend Meilen!
Die Schuhe sind Fetzen
die Füße wie Feuer, aber irgendwann
auf dem Weg oder auf der Straße
am Tage oder in der Nacht,
werd ich neunhundertneunundneunzig Meilen gegangen
doch die letzte Meile werd ich
weinend gehen und meinen Mann stehen.
Tausend Meilen.
Denn tausend Meilen sind mein Weg
um mich zu sehen
werd ich sie gehen.
Tausend Meilen!

Zu wenig Hirn!

Ich vergaß, dass die Erde nur ein winziger Staubkrümel im
Universum war.
Ich vergaß, dass das Bier, welches ich trinke, eine reine
Obergärung war.
Vergaß, wie Elend zu einem Haufen Klumpen werden konnte.
Vergaß, warum alle Menschen, Menschen waren und einige
doch nicht.
Wie das Leben über das Leben trauerte.
Ich vergaß, dass Vögel fliegen und Fische schwimmen
konnten.
..............., dass meine Stirnseite nicht meine schönste Seite
war.
..............., dass mein Name nicht der richtige war.
..............., dass ich beim Scheißen die Hose runterziehen
sollte.
Ich vergaß, dass meine Kniescheiben schmerzten, weil ich
gestern auf den Boden knallte.
Man, hab ich vielleicht ein vergessliches Hirn.
Shit!

Mensch!

Du Mensch hast alles, was du wolltest zu deinem Unter-
gebenen gemacht.
Jedes Lebewesen, jeden Gegenstand, ob Berg oder Tal,
ob Meer oder Land, ob Himmel oder Erde.
Nein, selbst das ganze Planetensystem, in dem wir uns
befinden hast du dir eingesackt.
Aber eines anscheinend wohl nicht, deinen Verstand.
Mensch, der du dich selber züchten könntest, wirst du nie
sehen, was du wirklich bist?
Die Erdkugel und ihr Drumherum hast du schon zur Strecke
gebracht. Im Weltall schmettert nur so dein Müll herum.
Die Ozeane sind rot gefärbt von dem Blut deiner Schlachten
und schwarz wie das Öl deiner Errungenschaften.
Und was willst du noch?
„Mensch sehe dir die Sterne an und du siehst schon
viel zu viel.
Du hast es nicht verdient."

Nur Du allein ...!

Nur Du allein hast die Möglichkeit Dein Leben zu bestimmen.
Zu sagen, ich schaff es oder daran zu glauben.
Zu sagen, ich kann leben, mit Dir oder ohne Dich.
Die Welt ist rund und dreht sich wie ein Kreisel um seine
eigene Achse.
Aus diesem Kreislauf des Alltags heraus zu manövrieren ist
auch nur eine Flucht ins Eigene ich. Denk nur einmal an die
Menschen die mit ihrem Schicksal leben oder es versuchen so
gut sie es eben können. Es geht, ich weiß es.
Da kommst Du hergelaufen mit Liebeskummer und kannst
ohne sie nicht mehr leben.
Mache Dir Dein Leben nicht selbst zur Hölle.
Mache nicht den Fehler, den ich einst tat.
Die Vorhänge und Jalousien vor den Fenstern zugezogen,
sich in seinen eigenen vier Wänden zu verbarrikadieren und
nur dann vor die Tür treten, wenn es unbedingt notwendig ist.
Das würde prägen, ein Leben lang.

Ein Engel auf Erden der Dich da herausholt wird es nur in
Deinen Gedanken geben. Dein Selbstvertrauen schwindet und
die brennende Kerze auf dem Tisch ist das einzig leuchtende
Licht in Dir.
Nach einer Zeit ertrinkst Du in Selbstmitleid und Tränen.
Über jede Träne wirst Du glücklich sein, denn sie erleichtert
Deine Seele.

Glaube mir, es gibt so viel Schönes, dem weiche nicht.
Zerstöre nicht Deinen Körper durch Unmengen von Tabletten,
Alkohol und Einsamkeit. Der Hilferuf, den Du laut aus Dir
heraus brüllst, wird nicht einmal gehört.

Junge, mach keinen Mist. Schau Dir die Mädels an, eine hübscher und netter als die Andere. Suche Dir eine aus.

Denn nur Du allein hast die Möglichkeit Dein Leben zu bestimmen.
Zu sagen, ich schaff es oder daran zu glauben.
Zu sagen, ich kann leben mit Dir, oder ohne Dich.

Keine Ahnung, Henri!

„Weiber, was weißt du schon von Weibern",
sagte ich ihm und lachte.
Er sah mich mit einem sehr merkwürdigen Blick an,
als ob er sagen wollte, scher dich zum Teufel oder
halt dein dummes Maul.
Aber er blieb stumm und ich hingegen lachte weiter.
Es störte ihn nicht sehr das ich lachte und ich nahm
einen großen Schluck aus seiner Flasche.
„Nun stehst du da, zahlst an deine Frauen viel Geld,
die nicht mehr deine Frauen sind, gehst malochen und
nuckelst an deiner Flasche herum wie ein kleines Kind.
Was weißt du schon von Weibern!"

Aufgewacht sitzend im Sessel!

Eine Kippe zwischen den Fingern, ein Brandloch im Sessel.
Der Geschmack im Mund, ekelhaft.
Der Gestank des Körpers, abstoßend.
Der Fernseher flackerte und rauschte laut,
Kippen und Asche auf dem Teppich.
Der blöde Becher fiel vom Tisch.
Kaum aus den Augen sehend, rappelte ich mich auf
und erreichte das Klo. Steckte meinen Schwanz aus
der schmierigen Unterhose und pisste
in das stinkende Klo. Die Hälfte daneben.
Im Kühlschrank kein Bier mehr da, nur eine Flasche
billigster Fuselwein, wonach ich auch griff.
Danach steckte ich mir eine gut erhaltene Kippe,
die auf dem Boden lag, in den Mund und goss mir einen
viertel Liter Fusel in den Rachen.

Einer wird immer verlieren!

Ein Spieler, der nicht spielen darf, wird verrückt.
Ein Trinker, der durstet, dreht durch.
Ein Heroinsüchtiger, der seinen Schuss nicht bekommt, krepiert.
Ein Tablettensüchtiger nimmt sich einen Strick und sucht sich einen Baum.
Ein Arbeitsloser geht in die Kneipe.
Und Einsame werden noch einsamer und verblöden vor sich hin.
Sie feierten ein Fest und er wollte nur mal 'Hallo' sagen, ein Bier mittrinken, ein wenig glücklich sein und wieder gehen.
Aber als er kam, nannte ihn sein Bruder du einsames Licht und Trottel.
Fragte ihn, was er hier wolle.
Er schaute sich um und seine ganze Familie lachte. Seine Augen wurden glasig, sein Gesicht ganz weiß. Er drehte sich um und ging.
Die Worte, die er dabei hörte, waren grausam. Seine Schwester lief ihm nach, wollte ihn beruhigen und zurückholen.
Er legte seine Hand auf ihre Schulter und ging weiter.
Weiter und weiter.
Dann stieg er in einem Zug und in seinem Abteil saß eine Mutter mit ihrer Tochter.
Das kleine Mädchen war etwa fünf und lächelte ihm zu. Er versuchte all seine Gedanken für Sekunden zu verdrängen und lächelte zurück.
Das kleine Ding hätte ihn bestimmt verstanden, so dachte er und stieg aus.
Nun lief er quer durch eine ihm fremden Stadt bis zur einer Brücke.

Dort blieb er stehen, kletterte übers Geländer und stürzte sich hinab.
Er hätte nur ein wenig Liebe gebraucht.
Ein Verlierer geht seinen Weg bis zum bitteren Ende.

Der Riese!

Hass, Brutalität und Grausamkeit waren seine Worte,
während er mit seinem fetten Finger auf mich zeigte.
Mich überfiel ein Gefühl von Unsicherheit.
Ich spürte den Wind, den er mit seinem riesigen
dicken Finger vor meiner Nase erzeugte.
Hochschauend zu ihm nickte ich mit dem Kopf
und schluckte noch einige Male.
Eine falsche Reaktion und er hätte mich wohl ohne
Schwierigkeiten in der Luft zerrissen.
Zwei Meter zehn Größe, einen Meter siebzig Schulterumfang
und bestimmt zweieinhalb Zentner Gewicht belagerten seinen
Körper.
Pranken wie Kohlenschaufeln und Augen die Tischtennisbällen
ähnelten.
Sein Frühstück muss dem Mittagessen einer Großfamilie mit
fünf halbwüchsigen Buben, die ohnehin nicht gerade wenig
verschlingen, gleichen.
Sein Bauchnabel, der bei seiner Geburt einer dicken Mettwurst
ähneln musste, wurde bestimmt mit einer Säge durchtrennt.
Sein Hals, der etwa den Umfang meiner Taille besaß, war
übersät von herausquellenden Adern, die eher meinen Fingern
glichen.
Ich sah diesen ekelhaften Riesen an und biss ihm in seinem
fuchtelnden fetten Finger,
bis er schrie.

Freitagabend!

Wie so oft komme ich freitags nach Hause, mit der Erwartung
einen zu trinken, so auch dieses Mal.

Ich komme nach Hause, springe unter die Dusche
und ziehe meine besten Sachen an, gehe zur nächsten
Trinkhalle und hole mir zwei Flaschen Bier.

Es ist noch zu früh um in der Kneipe zu landen.
Also gehe ich wieder nach Hause, setze mich vorn Fernseher
und öffne meine erste Bottle.

Ich setze die Flasche an, nehme einen kräftigen Schluck, und
muss würgen.

Die Suppe ist piss-warm.

Null – Bock!

Was ist das eigentlich, Bock?
Meine Kindheit sah nicht gerade rosig aus.
War mehr im Krankenhaus als daheim.
Wie ich mich so kenne, hatte ich dazu bestimmt
null Bock.
Dann einige Jahre Kindergarten,
null Bock;
zehn Jahre Schule,
null Bock;
drei Jahre Ausbildung,
null Bock;
fünfzehn Monate Soldat,
erst recht null Bock;
jetzt bin ich schon über zwanzig und habe noch nie Bock
gehabt.
Was ist das eigentlich, Bock?

Die anderen Leute!

Wenn ich manchmal in eine Kneipe gehe und alleine bin,
suche ich mir meist die dunkelste und allein gelassenste Ecke
aus, die sich mir bietet.
Ich setze mich da hin und bestelle mir einen Halben.
Ich sitze dann einfach da, trinke mein Bier, grübele nach und
beobachte die anderen Leute.
Oft denke ich dann, ich gehöre hier gar nicht rein,
oder ich denke, das sind doch alles Bekloppte.
Dann bestelle ich mir den nächsten Halben.
Und irgendwann, wenn ich so richtig wackelig bin, gehe ich in
eine andere Kneipe und schon wieder solche Leute.
Wenn ich dann so an meinem Bier sitze, denke ich, dass ich
auch so werden möchte wie diese Leute, und am nächsten Tag
geht der ganze Scheiß wieder von vorne los.
Und dann weiß ich, ich werde nie so werden wie diese Leute
und bin eigentlich ganz froh.

Waschsalon!

Es war Samstag, noch ziemlich früh und ich machte mich, nach etwa einem Liter Kaffee, auf dem Weg zum Waschsalon.

Wurde mal wieder Zeit, ein großer Haufen Wäsche wartete darauf gewaschen zu werden, und ich nahm es hin. Als ob ich nichts Besseres zu erledigen hätte, als diesen Batzen Wäsche zu waschen.

Na ja, aber meine Nachbarin, die normalerweise solche Sachen für mich übernahm, wurde von ihrem Ex geholt und war schon einige Wochen weg.

Sie schrieb mir mal eine Postkarte aus Italien. Rom, genau Rom war's. Sollte lieber nach Hause kommen, dachte ich mir, wo sie auch hingehörte, um meine Wäsche zu waschen und den ganzen anderen Kram für mich zu erledigen.

Ich stopfte gerade so meine Klamotten in die Maschine, als mich von hinten so ein knackiges Ding ansprach und mir nahe legte, die Sachen ein wenig zu sortieren.

Ich zuckte mal wieder, was typisch für mich war, nur mit den Schultern, und sie sortierte meine Klamotten, worum ich sie auch ganz ungeniert bat. Dann, als die ganze Sache sich drehte und schleuderte und spülte und wieder schleuderte, setzten wir uns davor und sahen zu wie vor einer Glotze. Dabei klärte sie mich in Sachen Wäsche waschen auf, was mich am wenigsten interessierte.

Sie hatte einen Duft an sich, der meine müden Gedanken wieder auf Trab brachte und mir einen Hammer in der Hose verschaffte. Wobei ich sagen muss, dass nicht nur der Duft mich so erregte, nein auch die anderen hübschen Dinger, die alle ihre Wäsche schleudern ließen. Es war ein guter Tag.

Ein Samstagmorgen mit so'n Hammer konnte einfach nur ein guter Tag sein und ich vergaß meine Nachbarin, die sich irgendwo in Italien oder sonst wo rumtrieb und ich vergaß die Sorgen, die mich seit einigen Tagen quälten. Ja, auch der Gedanke mich heute zu besaufen, schwand fast aus meinem Schädel.

Die Wäsche war fertig und der Morgen vorbei. Zu Hause dachte ich immer wieder an die kleine, knackige, duftende Susanne. Ich gab ihr natürlich meine Nummer, aber sie rief nicht an.

Eigentlich schade, denn die Kleine hätte mir zugesagt, aber bis nächsten Samstag würde ich schon einen Haufen Wäsche zusammen bekommen. Und dann schlag ich zu, aber knallhart wie mein Hammer.

Der letzte Trip!

Er hatte etwa zehn Riesen auf seinem Konto,
ein Auto, wofür er auch noch mal fünf bekam,
und die Einrichtung seiner Wohnung.
Sie war noch ziemlich neu und brachte ihm
weitere zwanzig Riesen ein.
Dann kündigte er seinen Job und beschaffte sich
ein Ticket nach Monterrey, Mexiko.
Dort wohnte er ein oder zwei Tage in einer
billigen Absteige.
Dann flog er weiter nach Lima, Peru.
Er hatte die Wahnsinns Idee den Amazonas
hinunter zu rudern.
Leider kam er nicht sehr weit.
Auf halbem Weg plünderten sie ihn aus
und schlitzten ihm die Kehle durch.

The black lady in the waiting room!

Fast alle lasen irgend ein Magazin oder so was wie Zeit-
schriften und alle warteten darauf, dass ihr Name durch den
kleinen Lautsprecher, der an der Wand hing, heraustönte.
Ich las gar nichts. Stattdessen sah ich mir die lesenden Köpfe
an. Die Tür öffnete sich und eine Lady kam herein. Sie war
komplett in Leder gekleidet. Ein schwarzes Lederjäckchen,
einen schwarzen Mini-Lederrock und geile schwarze Cowboy-
Lederstiefel. Mir wurde warm, Schweiß bildete sich in
meinen Achseln. Der einzige Stuhl, der noch frei war, stand mir
gegenüber, die anderen Stühle waren von den lesenden Köpfen
besetzt. Die Lady setzte sich dort hin und sah mich an.
Ich musterte sie von oben bis unten und sie musterte mich von
unten bis oben, dabei prallten unsere Blicke aufeinander und
sie spreizte ihre Beine, während sie mich lächelnd dabei ansah.
Ich konnte, da sie keinen Slip trug, ihre triefende, glühende
Grotte sehen, und es lief ihr den Beinen entlang.
Meine Hose wölbte sich. Ich überlegte mir, was ich jetzt am
liebsten täte, mir eine Tüte Bier herbeizuwünschen und eine
Flasche nach der anderen zu trinken oder über diese triefende
schwarze Lady herzufallen. Ich glaube, letzteres wäre mir
lieber gewesen.
Ich sah ihr Gesicht an und mir fiel auf, dass sie für ihr Alter, ich
schätzte sie auf Mitte vierzig, spitze aussah. Sie öffnete ihren
Mund und ließ ihre Zunge über die Lippen streichen.
Mir wurde nun heiß. Wegschauen konnte und wollte ich nicht.
Sie hatte mich mit ihren Blicken und ihrem Tun gefesselt.
Plötzlich schrillte mein Name aus der blöden Schachtel an der
Wand. Ausgerechnet jetzt wo mir das Warten zur angenehmsten
Sache der Welt wurde. Ich stand auf und wusste nicht, was ich
hier sollte. Sie hatte mir den Kopf gespalten.

Nachdem ich beim Doc war und er mir einige Pillen verabreichte ging ich zum Parkplatz, wo meine alte Rostlaube stand. Ich stieg ein und blieb sitzen. Was hatte ich schon zu verlieren und etwa eine Stunde später kam sie! Die Lady mit den langen Beinen und feuchter Möse. Sie setzte sich in eine 60zig bis 70zig Tausend Dollar Karre und fuhr los. Ich hinterher. Nach einigen Meilen erblickte sie mich in ihrem kleinen Rückspiegel, erkannte mich und winkte mir zu.

Ich winkte ihr zurück und folgte ihr weiter. Irgendwann, in einer noblen Siedlung, hielt sie an, stieg aus dem Automobil und kam auf mich und meiner alten rostigen Kutsche zu.

Ich öffnete das Fenster und sie lud mich ein sie ins Haus zu begleiten.

„Wenn Du Dich traust", sagte sie, „können wir zusammen ein wenig Rommé spielen."

Alles klar, Rommé, dachte ich mir. Keine Sekunde zögerte ich und ging mit ihr. Kaum im Haus kam sie auch schon zur Sache. Sie umarmte mich und wir spielten Rommé auf ihre Art und Weise.

Ihre Hand legte sie auf meine erneut gewölbten Hose und streichelte meine Beule. Sie öffnete meine Hose.

Wahrscheinlich wäre sie sonst mit allem was drin war, geplatzt.

Monica, so wie ihr Name war, vernaschte mich wie noch keine Andere zuvor.

Nach zwei oder drei Stunden verließ ich ihr Haus und war erschöpft, ausgesaugt aber auch rundherum zufrieden.

Endlich mal wieder ein erfüllter Tag.

Hey Mandy!

Mandy ist auch so eine Braut.
Geile Figur, toller Busen, einen super Arsch, blond und
strohdoof.
Nur zum Vögeln geeignet. Ab und an kommt sie vorbei und
treibt es mit mir.
Manchmal trinken wir auch nur und labern dumm rum.
Vögeln, zuhören und saufen sind ihre besten Eigenschaften.

Ich sehe wie die Schwalben unter den Dächern hervorflattern
und ihre Nester bauen,
in New York, in Sydney, in Barcelona und hier in Erle.
Ich höre wie die Nachbarn poltern, mit den Stühlen,
den Tischen und weiß Gott noch was.
Mandy steht an der Tür mit den tollen Titten und dem
strammen Arsch.

„Komm rein und träum mit mir oder sauf Dir einen an.
Mandy, ich liebe Dich,
für heute, für morgen aber nicht für übermorgen."

Der arme träumende Junge von der Straße!

Sein Dasein war öd und leer.
Daddy schickte ihn immer zum nächsten Kiosk, um für ihn
Bier zu holen.
Seine Mom zu lauter Lebensmittelgeschäfte, um dort für sie
einzukaufen.
Er tat es und nahm es hin.
Der Junge von der Straße wurde zum Laufburschen seiner
Eltern.
Doch da war die große See. Er stand oft vor ihr und sah zu.
Sah wie die riesigen Schiffe hinausfuhren und träumte oft
davon einmal mitzureisen.
Sah zu wie die Sonne sich hinter den großen Wellen langsam
versteckte.
Sah wie frei das Leben seien konnte.
Tag für Tag sah er es, der Junge von der Straße.
Seine Fantasien gingen ins Unermessliche.
Nur davon zu träumen war für ihn ein Erlebnis.
Davon zu träumen, wie er nachts auf dem Schiffsdeck,
wenn ihn niemand bemerken würde,
nachdem er aus seinem Versteck, das Beiboot gekrochen wäre,
um über die Reling zu sehen.
Raus aufs Meer.
Und dann, wenn sich die Morgendämmerung erhebt, er wieder
ins Beiboot krabbeln würde, um sich bis zum nächsten Abend
auszuschlafen, um dann erneut aufs Deck zu krabbeln, war für
ihn ein Ein und Alles.
Doch morgens, wenn er durch das Gebrülle seines Daddy's
aufwachte, wurde ihm jedes Mal bewusst, er würde immer er
sein und bleiben.
Der arme träumende Junge von der Straße.

Der Psychiater!

Mein Doc schrieb mir nun zum dritten Mal eine Überweisung zum Psychiater.

Die ersten beiden, landeten im Müll, aber dieses Mal machte ich einen Termin klar.

Auf dem Weg zu ihm, trank ich zwei oder drei Büchsen und dort angekommen schickte mich eine Schwester, der ich am liebsten meine Adresse gegeben hätte, ins Wartezimmer.

Allein saß ich in diesem kleinen Raum, wo nicht einmal drei Stühle standen und überlegte mir, wie ich den Nachmittag verbringen sollte. Nach einer Weile öffnete der Seelendoc die Tür und ließ mich herein.

Er begrüßte mich mit einem festen Handschlag und ich erwähnte, dass er eine hübsche Krankenschwester hätte.

„Ich werde es ihr ausrichten", sagte er.

„Gut", sagte ich.

Danach steckte er sich eine Pfeife in den Schlund und fragte mich, ob ich etwas dagegen hätte.

Ich sah ihn mir an mit seiner Pfeife und dachte, dass er sie sich so tief in seinen Rachen schieben könnte, bis er verrecken würde, und ich hätte nichts dagegen.

„Nein", sagte ich.

„Sind Sie Raucher?", fragte er.

„Ja", antwortete ich.

„Wie lange rauchen Sie schon?", fragte er.

„Weiß nicht, habe nie die Jahre gezählt", sagte ich.

„Und trinken Sie?", fragte er.

„Sie etwa nicht?", erwiderte ich.

„Ich meine, trinken Sie Alkohol?", korrigierte er sich.

„Ja", sagte ich.

„Wie viel trinken Sie?", fragte er.

„Bis ich genug habe", erwiderte ich.

„Können Sie nicht etwas genauer werden?", fragte er.

„Nein", antwortete ich ihm und steckte mir eine Kippe an.

„Was haben Sie denn für ein Problem, also warum sind Sie hier?", fragte er mich.

„Ich weiß es nicht und ich glaube, ich werde jetzt auch wieder gehen", sagte ich.

Ich stand auf, ging zur Tür, öffnete sie, schnippte meine Asche auf dem sauberen Bodenbelag und hörte, wie er sagte:

„Sie waren mir so und so unsympathisch."

Ich drehte mich um, ging einige Schritte auf ihn zu, grinste und sagte: „Du Pfeifenarsch."

Einige Stunden später, saß ich wieder in einer Kneipe, in der ich meistens saß, trank mein Bier und Sandy kam herein. Sie setzte sich neben mich an die Bar, bestellte sich einen Bourbon und fragte:

„Wie war Dein Besuch beim Seelendoc?"

„Gut", sagte ich, „und morgen werde ich wieder hingehen!"

Altes Weib!

Ich war gerade mal vierzehn und hatte von nichts eine Ahnung.
Da mein Taschengeld, wofür auch immer, nicht reichte,
besserte ich dieses durch Zeitungen, die ich austrug, auf.
Einmal in der Woche diese blöden Zeitungen. Es war ein
Kirchenblatt und einmal im Monat hieß es bei den Leuten die
Knete einzusammeln.
Für mich immer ein Geldtag.
Mal kassierte ich bei einer Rumänin. Sie konnte, wie ich
schnell bemerkte, kaum ein Wort deutsch.
Als ich ihr klar machte, was ich von ihr wollte, ließ sie mich
herein.
Sie drückte mir ein Buch und ein Messer in die Hand.
Ein Buch, was sollte ich damit? Ich stand da wie ein Idiot.
So ein Scheiß! Dieses Buch war alles andere als ein Buch, denn
es war eine Geldkassette und ich Idiot sollte sie knacken, diese
Kassette, darum auch das Messer.
Auf dem Tisch im Wohnzimmer stand eine Flasche Likör,
daneben ein halbleeres Glas und im Aschenbecher qualmte die
gerade ausgedrückte Zigarette.
Egal, ich knackte diese blöde Kassette, nahm mir ein paar
Mark plus Trinkgeld und wollte nur noch verschwinden.
Plötzlich umarmte sie mich! Ich wusste nicht, wie mir geschah.
Sie knutschte nun mein ganzes Gesicht, auf dem Mund, die
Nase und den Wangen, überall leckte sie mich ab.
Wie ein Hund der über sein Herrchen herfiel.
Sie war etwa um die vierzig, stank nach Schnaps und sah auch
nicht sonderlich gut aus. Eigentlich war sie potthässlich. Ich
faste ihr an den Brüsten und dachte, trotz all dem werde ich ihr
gleich einen verdrücken. Aber dann rief sie mir etwas von „My
husband" in die Ohren. Immer wieder „My husband,

My husband", und mir wurde nun so allmählich klar, was sie
sagen wollte. Das war wohl der Trottel bei dem ich sonst
immer kassierte. Ich ließ ihre Brüste los, steckte mir die Kohle
in die Hosentasche und ging.
Draußen stieg ich auf mein Fahrrad und grinste.
Diese blöde, nach Schnaps stinkende,
hässliche alte Schlampe hätte ich nie bestiegen.

Sein Testament!

Er war noch ziemlich jung
und schrieb sein Testament.

Ihm gehörte nicht viel, jedoch
schrieb er sein Testament.

Er hatte nun wirklich niemanden,
doch er schrieb sein Testament.

Jetzt starb er und mit ihm sein
Testament.

Frust!

Es wurde Winter,
man sah es,
an den kahlen Bäumen,
die standen da wie dürre Bohnen.
Sie standen einfach da.
Besoffene, die vorbeikamen,
pinkelten sie an
und sie, die Bäume,
sie standen einfach da.

Götterspeise!

Als ich sie sah, wusste ich das sie die Frau wäre, die mich ins
Leben zurückrufen könnte.
Ihre Augen waren dunkel und glänzend zugleich. Ihr Mund war
so süß und ich dachte an ein Eis, das zwischen ihren Lippen
schmelzen könnte. Ihre Figur, ihr Körper, ihre ganze Er-
scheinung knallte in meinem Kopf, wie ein Blitz, der in einem
Baum einschlug und ein Feuer entfachte.
Ich hatte ein saugutes Gefühl und war dennoch wie versteinert.
Konnte nicht mehr denken, konnte mich nicht mehr bewegen,
nicht mehr sprechen.
Sie sah mich an und blinzelte mit ihren Augen, aber nicht so als
wäre sie so eine eingebildete, aufgetakelte Schnepfe. Nein,
sondern eher so wie ein unschuldiges Ding, als hätte sie Angst
vor jemanden wie mir.
Ihre Haut war so sanft und geschmeidig, sie strahlte aber auch
Wärme und Vertrauen aus.
Liebe, ja Liebe war das richtige Wort. Warum sollte es mir
nicht auch mal widerfahren, Liebe?
Aber ich konnte nicht, konnte sie nicht ansprechen, konnte es
ihr nicht antun. Dachte daran, dass ich nicht der Richtige für
sie wäre. Bei jeder Anderen hätte ich wohl kaum eine
Ausnahme gemacht aber sie war einfach was Anderes und ich
konnte nicht.
Sie wäre es gewesen, aber ich versuchte meinen Gedanken
einen anderen Lauf zu geben. Leider gelang es mir nicht. Ich
bedauerte mich. Fragte mich, warum ich solch ein Sauf- und
Trunkenbold war. Warum nicht ein Ingenieur oder Arzt,
Politiker oder Priester. Warum nicht Eigentümer einer
Hühnerfarm oder Besitzer einer Fabrik, die Hauslatschen
herstellt. Na ja, Trunkenbolde musste es ja auch geben,

der Staat zumindest verdient gut daran.
Ich drehte mich zur Seite und sie stand plötzlich neben mir.
Ich zuckte irgendwie. Jetzt war ich derjenige, aus dessen
Gesicht man Angst lesen konnte. Ich merkte es so deutlich wie
ihr Parfüm, dass langsam in meine Nase kroch. Es roch gut, es
roch sehr gut. Ich war, wie ein Eisklotz, welcher vor sich hin
tropfte. Man war ich vielleicht nervös und meine Knie
begannen an zu zittern und zu wackeln. Den Barhocker, der
neben mir stand, zog ich an mich heran und setzte mich drauf.
Aber nun begann auch mein Kopf an zu zittern und zu
wackeln, meine Hände begannen zu zittern und zu wackeln.
Mein Körper war wie ein Wackelpudding, eine reine wackelige
Masse und Schweiß tropfte auch noch von meiner
schwabbeligen, wackeligen Rübe.
Ich sprang hoch, sah mich um und war zu Hause im Bett,
schweiß gebadet.
Ich rannte los, zum Klo, und kotzte meine ganze schwabbelige
und wackelige Masse aus.

Verkriechen!

Manchmal habe ich so die Schnauze voll,
da verkrieche ich mich in meinem Zimmer und
liege einige Tage in meinem Bett.

Nur bekleidet mit einem T-Shirt und einer
schlabberigen Unterhose.

Ich liege da und höre Musik oder schaue Fernsehen.
Oder wenn ich aus dem Fenster schaue, sehe ich
kahle Bäume und einen grauen Himmel, dann denke ich,
dass es bald schneien wird, und das es wieder sehr
kalt wird.

Eine neue Kippe und meine Gedanken überlegen,
wie ich an das Geld komme, welches ich brauche um
nächstes Wochenende die Kneipe zu bezahlen.

Verfolgung durch die Straßen der Slums!

Er verfolgte mich auf einer mir unübersehbaren Weise.
Die Boulevardzeitung unterm Arm geklemmt lief er mir durch
die halbe Stadt nach.
Ich war mir sicher, er wusste es, dass ich es wusste, doch
schien es ihm nichts auszumachen.
Aber mir!
So langsam wurde es zu viel und ich beschloss etwas dagegen
zu unternehmen.
Um sechs Uhr hatte ich eine Verabredung und er brauchte nicht
unbedingt zu erfahren mit wem.
So nahm ich also einen der ältesten Tricks an, die ich so
kannte, ich rannte los und sprang in aller letzten Sekunde auf
einem losfahrenden Bus auf. Dann sah ich ihn aus dem Fenster.
Er stampfte mit den Füßen auf dem Boden und griff sich in die
Haare. Dabei riss er sich welche heraus.
Ich hingegen grinste und zeigte ihm den Finger und die Leute
im Bus starrten mich an.
Einige Stunden nach meiner Verabredung sah ich ihn wieder
und kaum nach dem ich ihn erblickte und er mich, klebte er
auch schon wieder an meinen Fersen. Ich ging zu meiner
Einzimmerbude in den Slums.
Die Sonne ging unter und er saß draußen im Auto und wartete,
wartete auch auf seine Ablösung.
Ich öffnete eine Flasche Bourbon und ließ ihn warten.

Was soll's!

Ist das nicht herrlich, nachdem man den ganzen Tag
und die ganze Nacht in der Kneipe verbracht hat,
die warme Brise im Gesicht zu spüren.
Die Vögel zwitschern zu hören und den noch
etwas dunklen Himmel zu sehen.
Man hält sich an der erst besten Laterne fest,
atmet tief durch und steckt sich eine Zigarette an.
Dann taumelt man vor sich hin.
Der Weg nach Hause ist nicht mehr weit.
In der Tasche einen Haufen Nummern
von irgend welchen Mädeln, die man wieder
kennenlernte.
An der nächsten Hauswand
lässt man den Druck raus, der sich erneut angesammelt hat.
Und weiter geht's.
Der Geist ist klar die Beine schwach.
Zu Hause angekommen hat man es mit dem Schlüsselloch
zu schaffen. Die erste Hürde hat man überwunden.
Im Haus, jetzt noch rauf ins dritte Stockwerk,
noch ein Schloss.
Auf der Treppe stürzt man noch ein oder zweimal und
haut sich die Knochen ein. Schmerzen spürt man kaum.
Einige Stunden später erwacht man unangenehm.
Im Hausflur vor der Wohnungstür.
Schnell rein.
Ein, zwei Stunden Schlaf, dann unter die Dusche
und wieder auf zur nächsten Kneipe.

Kämpfende Kinder!

„Auf auf ihr tapferen Soldaten."

Es sind alles noch Kinder, die da kämpfen,
nicht älter als dreizehn oder vierzehn.
Hausfrauen die Granaten bauen,
Kinder die sterben.
Politiker an den Mikrofonen, die ihre Hymne singen.
Krieg ohne Sinn.
Männer, die nur noch Krüppel sind.

„Nehmt euch die Gehirne heraus, die ihr nicht mehr braucht
und werft sie auf dem Müll."

Na und!

Ich fühle wie die Sonne meinen Körper berührt und ihn
langsam verbrennt.
Ich fühle die Meeresbrise in meinem Gesicht, den salzigen
Wind und das raue Klima.
Fühle wie Menschen mich ansehen und sich was dabei denken.
Laufe durch die Slum´s, spüre die Schmerzen der Kinder,
die selbst nichts spüren
und verachte die dicken Priester.
Kaufe mir einen sixpack, setze mich auf den dreckigen Boden
und stecke mir einen guten Stumpen an.

Er war dem Tode nah!

Er hielt sich einen Revolver in den Mund
und plötzlich fing er an zu denken.
Er dachte nach, zum ersten Mal dachte er nach.
Wie war das alles mal?
Wie funktionierte er eigentlich?
Was war geschehen?
Wer war er?
Vor seinen Augen sah er die Bilder,
die er schon alle einmal sah.
Er sah sein Leben in Sekunden an sich
vorbeirauschen.
Dann nahm er den Revolver aus dem Mund,
dachte noch einmal nach und setzte ihn sich
auf die Brust. Dort an der Stelle wo sich das
Herz befand und drückte ab.
Ein Klick, sonst nichts.
Er vergaß das Magazin, dass zu Hause in der
Schublade lag.

Die Ratte!

Sie krabbelt neugierig durchs Zimmer.
Ich ziehe meinen, aus dem Bett hervorschauenden Fuß zurück.
Sie krabbelt weiter, es kümmerte sie nicht.
Neugierig wie sie sind, diese Mistviecher.
Nagt den schmuddeligen Teppich, nagt den alten schimmeligen
Schrank,
nagt das faulende Bett, nagt alles an, was es kriegen kann.
Diese Mistviecher.
Pest, Tod und Abfall riecht's, wenn sie denn kommen. Und sie
kommen.
In Scharen überlaufen sie den Globus, aber egal, scheiß drauf.
Es sind nur Ratten. Wir sind schlimmer, denn wir fressen sie.
Ich zog meinen Schnodder aus der Nase in den Mund
und spuckte ihr genau auf den
hässlichen Schädel.

Das Nichts!

Ich öffnete meine Augen, aber ich sah nichts.
Ich dachte, an die Tage der vergangenen Zeiten.

Eine Dunkelheit, ein Nichts, eine Leere der Unendlichkeit.
Der Duft des Holzes, welches mich umgab, gelang in meiner
Nase.

Als wäre ich tot lag ich auf etwas weichem aufgebettet.
Ich konnte mich nicht bewegen.
Tausende von Würmern durchbohrten meinen Körper.

Der Versuch mich zu ekeln war ohne Sinn.
Im Geiste stand ich vor meinem Grab und sah die Blumen,
die vor sich hin welkten und eine erloschene Kerze.

Ich schloss meine Augen und schlief wieder ein.

Das Glitzern der Kette!

Ich saß mal wieder da und trank.
Gegenüber saß eine Frau, sie sah gut aus.
Ich, ich trank weiter und weiter.
Sie, die Frau, die mir gegenüber saß,
die gut aussah, sah mich an.
Mich, der nur da saß und trank.
Sie lächelte.
Neben ihr saß ein Mann. Einer von denen,
die ihre weißen Hemden halb offen tragen.
Bei denen die Goldketten nur so glitzern.
Sein Amulett, dass zwischen seinen langen
schwarzen Brusthaaren heraus glitzerte,
fiel auf.
Und ich sah mich an, ich saß da und trank.

Fühle es!

Ich dachte gerade ans Überleben,
ans Kotzen und ans Göbeln.
Weiß, warum ich Schmerzen habe,
weiß, warum ich trauere,
weiß, warum das Leben, Leben ist.
Weiß wie viel eine Mark kostet.
Ja, scheiß drauf, denn du bist immer dabei.

Die Eunuchen!

Günter sagte: „Die Eunuchen die fluchen, weil sie die Hoden unter den Buchen suchen."

Heiner fragte: „Die Eunuchen suchen die Buchen, um die Hoden zu suchen?"

Günter sagte: „Die Eunuchen die fluchen, weil sie die Buchen und die Hoden suchen und die Guten suchen die Eunuchen."

Heiner fragte: „Warum suchen die Eunuchen die Buchen und die Guten die Eunuchen?"

Günter sagte: „Weil die Guten nicht fluchen und die Eunuchen die Buchen suchen."

Heiner fragte: „Also suchen die Guten die Buchen, weil die Eunuchen fluchen?"

Günter sagte: „Die fluchen suchen die Buchen und die Guten suchen die die fluchen, um sie zu buchen."

Heiner fragte: „Brauchen die Guten die Eunuchen, weil sie fluchen, um sie zu buchen?"

Günter sagte: „Die Guten suchen die Eunuchen die fluchen, weil sie die Buchen suchen,

Du Vollidiot."

Leben wie die Ratte im Loch!

Die Sonne meidend,
durch mein Reich des Siffs krauchend,
kenne ich jeden Krümel auf dem Boden
und jedem gab ich einen Namen.
Morgens, mittags und abends krabbel ich
auf allen Vieren durch die Bude und begrüße
meine Krümel.
Einige sind schon tot und warten auf mich,
aber ich mache es ihnen nicht so leicht.
Noch wehre ich mich,
aber es wird von Tag zu Tag weniger.

Heiß und trocken!

Es regnet nicht. Wir haben Mitte August und
seit drei Monaten kein Regen.
Die Felder sind trocken, trocken und dürr.
Die Straßen voll mit Staub. Die Luft, alles trocken.
Es ist heiß, sehr heiß und keine Wolke ist zu sehen.
Nur die Sonne, sie ist groß und stark.
Für die Kinder ein wahrer Badespaß und für die Penner,
eine gute Zeit.
Die Bauern sind ärmer dran, ohne Regen kein Leben.
Wirklich, eine heiße und trockene Zeit.

Sinnloses Besäufnis!

In der Kneipe, in der ich mit einem Bier so vor mir hin saß,
spielten sie Billard.
Einer von denen war sogar ganz gut. Sie tranken Cola und zwei
mixten etwas Bier hinzu.
Ich trank mein Glas leer, drehte mir eine Zigarette und bestellte
mir ein neues Bier.
In der anderen Ecke der Kneipe stand so ein blöder
Kickerkasten. Zwei junge Burschen standen sich
dort gegenüber und drehten an den acht Stangen herum.
Damit bewegten sie footballfiguren,
die wiederum einen kleinen Ball herumschmetterten.
Jedes Mal sprangen die beiden einen halben Meter hoch,
während sie mit voller Wucht, aus den
Handgelenken, ihre Stangen drehten und jubelten heftig, wenn
sie dabei den Ball ins gegnerische Tor schossen.
Ich nahm einen Schluck und drückte meine Kippe in den
Aschenbecher.
Der Schuppen füllte sich und die Musik wurde immer lauter.
Mich sahen nun viele an und quatschten darüber, wie enorm
ich mir das Bier rein goss. Das reichte mir.
Ich bezahlte und ging in eine anderen Kneipe, bis auch diese
sich füllte und ich wieder
verschwand.
So ging es den ganzen Abend, bis in den frühen Morgen.
An diesem nächsten Tag betrank ich mich
wieder und wusste, wie einfach ich es mir machte.

Drogen!

Toll,
wie sie sich alle
die Drogen reintun.
Und ich selbst
bin auch dran.
Wie viele Drogen es auch gibt,
man hat so richtig
eine große Auswahl.
Keiner bleibt auf der Strecke.
Ich glaube,
es gibt mehr Drogen
als Sportvariationen.
Das soll schon was heißen.
Selbst für den kleinen Schnüffler
ist eine Menge Klebe da.

Die nicht besonders gute Zeit!

Wenn er so zurückdachte, sah das nicht besonders gut aus.
Mit acht, fing er an zu rauchen.
Mit zwölf verspielte er sein Taschengeld an Automaten und
stahl in Läden, wofür er sonst sein Taschengeld ausgab.
Mit vierzehn stand er vor Gericht.
Musste dafür dreißig Stunden Buße ableisten.
War er unschuldig?
Mit fünfzehn war Alkohol normal.

Vorurteile!

Man sah ihn schon von weitem. Er schlenderte schwankend vor
sich hin.
Eine Kippe in der einen und eine Flasche billigster Fusel in der
anderen Hand.
Keiner wollte ihn, ausgerechnet ihn, hören.
Keiner wollte ihn sehen.
Er kam nach vorne und ging, na ja schlenderte, zum Pult.
Drückte seine Kippe in den sauberen Aschenbecher und steckte
sich eine Neue an.
Bevor er begann, war schon der halbe Saal leer. Sie gingen,
ohne ihn zu hören.
Sie wussten nichts aber auch rein gar nichts und gingen.
Etwa sieben oder acht von rund Hundert blieben.
Er nahm einen Schluck, schaute sich um und sprach.
Es dauerte etwa eine Stunde, als er fertig war.
Die sieben oder acht standen auf und klatschten mit voller
Begeisterung, dann gingen sie auch.
Der Aschenbecher war voller Kippen und die leere Flasche
stand daneben.
Aber seitdem waren die Säle überfüllt, nur wenn er kam.

Zehn oder elf Jungs!

Da saßen sie alle,
alle in einer Reihe
und wussten nicht, was sie da sollten.
Die ganzen Kriminellen.
Einer von den zehn oder elf Jungs,
war tätowiert,
am ganzem Körper, alles voll,
irgendwelche Gebilde die keiner
deuten konnte.
Der andere hatte Narben,
am ganzen Körper, alles voll.
Und so hatte jeder von denen
irgendwas.
Der eine hatte Pickel und der
nächste war ein Schwarzer.
Dann ein Gelber und ein Roter.
Ich sah sie mir an,
all diese Jungs und wusste,
es waren Bastarde.

Einsamkeit!

Sie kann etwas sehr Schönes sein. Ich meine, wenn man so
von der Arbeit kommt und zu Hause seine absolute Ruhe hat,
ist sie wunderschön. Aber so auf die Dauer wird sie unendlich
und grausam. Man fängt an, in sich zu verkriechen. Man denkt
eigentlich in jeder Minute an sie. Das Telefon starrt man nur
dumm an. Im Briefkasten, kein Liebesbrief, der nur darauf
wartet, gelesen zu werden.
In der Küche, auf der Spüle, lauter nicht abgewaschenes
Geschirr, das vor sich hin stinkt.
Das Telefon klingelt und man zuckt zusammen. Der Hörer wird
abgenommen und man meldet sich mit einer sanften aber auch
erwartungsvollen Stimme und hofft.
Leider nur der Kumpel, der geblieben ist und nachfragt, bei
wem denn nächstes Wochenende wieder gesoffen wird.
Bei ihm oder bei einem selbst. Das war's.
Nachdem man sich dann irgendeine Tüten- oder Dosensuppe
gemacht hat, legt man sich aufs Sofa und glotzt, bis man
pennen geht, in die TV-Röhre. Wobei man fast ununterbrochen
die Tasten der Fernbedienung betätigt.
Einsamkeit, ja sie ist endlos. Wenn man dann mal die Schnauze
voll vom TV hat und seine super Stereoanlage einschaltet,
hört man auf einer selbst aufgenommenen Kassette,
wunderschöne Balladen, und man wartet nicht mehr bis zum
Wochenende mit dem einzigen Kumpel,
sondern man geht sofort zum Kühlschrank.
Er ist fast leer. Außer ein oder zwei Dosen Fisch und Butter nur
noch einige Flaschen Bier, wonach man dann auch greift. Man
setzt sich wieder hin und dann ganz plötzlich nach den ersten
zwei, drei Schlückchen merkt man,
man ist einsam und allein.

Die Leere im Raum!

Schon früh morgens werde ich durch Telefonanrufe geplagt.
Ein-, zwei- oder dreimal bimmelt es und dann Totenstille,
dass den ganzen Tag.
Meine Hände zittern. Verstärkt wird dieses durch Unmengen
Kaffee.
Meine Gedanken sind still und ängstlich. Die Musik klingt
traurig.
Der Gedanke an den Tod bringt mich näher ans Leben.
Hilfe, brauche ich nicht mehr,
denn sie käme ohnehin zu spät. Die Wahrheit ist eine Lüge.
Die Welt ein kleines Stück Elend des Universums.

„Sehe dir die Sterne an und du siehst schon viel zu viel."

Unschuldig sind die, die noch nicht geboren und schuldig all
die, die die Unschuld herausfordern.
Angst vor dem Leben und Angst vor dem Tod. Einfach Angst
da zu sein oder auch nicht.
Hoffnung ist auch nur ein Wort, denn die Hoffnung wird von
unserem Geist geboren, und unser Geist ist nur eine Leere im
Raum.

Träume!

Lasst mir meine Träume, denn sie sind das einzig Reale in
meinem Leben.
Lasst mir mein Bier, denn es verhilft mir die Träume nur dann
zu realisieren.
Lasst mir die Freiheit die keine ist, denn sie ist der Raum der
Fantasie.
Lasst mich allein, denn dann bin ich so, wie ich bin.
Ich schließe meine Augen und erwache aus einem Traum, ich
öffne sie,
und der Traum geht weiter.
Der Galgen, der in meinem Erker hängt, ist das Symbol der
Wirklichkeit.
Der Blinde, der nichts sieht, sieht noch am meisten.
Ein Ende ist nicht in Sicht, denn sie ist geblendet durch die
Blindheit der Sehenden.
Lasst mir die Musik, denn sie ist das Schöne und Traurige in
meinem Leben.
Lasst mir die Erinnerungen, die mir den Magen umdrehen,
wenn ich nur daran denke.
Lasst mir meine verkümmerten Gedanken, denn sie ist die
Tarnung, hinter der ich mich verstecke.
Lasst mich in der letzten Reihe stehen, denn dort steht keiner
hinter mir.
Lasst mir meinen Glauben, denn der ist die Ehrlichkeit in mir.
Lasst mir meine Tränen, denn sie sind ein Teil von mir.
Lasst mir mein Selbstmitleid und Trauer.
Und lasst mich meinen Traum träumen, denn der ist
wunderschön.

Gedanken des Wahnsinns!

Seit Stunden liege ich hier auf der Couch, starre zur Decke
hoch und grübele nach.
Sehe mich in einer anderen Welt.
Sehe meine Spucke auf dem Boden in der sich Würmer baden.
Seit Stunden diese dumme Decke, die so groß scheint, als wäre
sie die Plattform auf der die Welt steht.
Seit Stunden liege ich hier auf der Couch und starre nach oben.
Denke immer daran, dass die Sonne scheint, wie eine große
Taschenlampe unseres Herrn. Der ein Auge auf uns wirft.
Tage vergehen wie Stunden.
Wie Stromstöße durchziehen die Gedanken mein Gehirn.
Die Gedanken des Wahnsinns treiben mich ins letzte Loch.
Das Elend würgt sich aus meinem Hals.
So wie die Erde sich und ihr Drumherum gegen die Menschheit
boykottiert, boykottiere ich die zuckenden Stöße in meinem
Hirn.
Einem winselnden, räudigen Straßenköter würde ich mehr
Respekt erweisen, als den aktuellen Stand der Dinge.
Elendsviertel die nicht mehr die Tage zählen die ein Jahr füllen,
sondern ihre Toten von denen es
mehr als Tage gibt.

Die Spritze!

Als ich wieder einmal nach einer Kneipentour nach Hause
ging, bemerkte ich auf meinem Weg ein streitendes Pärchen.
Nach einer kurzen Weile ging ich zu ihnen auf die andere
Straßenseite hinüber.
Ich sah ein hübsches junges Mädchen und einen alten,
versoffenen, geilen Sack der das Mädel verführen wollte.
Ich mit zugesoffener Rübe, erkannte die Lage und verscheuchte
den alten Sack.
Sie, das Mädchen, war sehr froh und lud mich zu sich ein.
Wir tranken ein wenig und mir wurde klar, dass wir gleich
zusammen im Bett landen würden.
Also zogen wir uns aus. Dann setzte sie sich nackig aufs Bett,
öffnete ihr Nachtschränkchen, kramte einige Sachen heraus
und sah mich an.
Ein Feuerzeug, eine kleine Kerze, einen großen Löffel eine
Spritze und etwas Heroin in Silberfolie verpackt von dem alten
Sack.
Ich traute meinen Augen nicht, sie setzte sich einen Druck.
Nach einem Weilchen schliefen wir nebeneinander träumend
ein.
Am nächsten Morgen verschwand ich in aller Frühe.

Der schlechte Traum!

Manchmal kommt es mir so vor, als hing ich an einem Seil.
Ich hänge da und unter mir ein Abgrund, ein wahnsinnig tiefer
Abgrund.
Ich, ich hänge nur da.
Oben ist einer mit einem Messer und schneidet das Seil im
Sekundentakt ab.
Hin und her und wieder hin und her.
Ich versuche mich mit all meiner Kraft hinaufzuziehen.
Ich muss schneller sein als das Messer.
Dann merke ich, dass ich gar keine Chance habe.
Plötzlich steht einer neben mir, der mir eine Flasche hinhält.
Ich greife danach,
trinke daraus und alles ist wieder in Ordnung.
Oder ich stehe am Strand und sehe wie eine riesige Welle auf
mich zurast.
Ich stehe da wie angewurzelt. Die Welle kommt immer näher,
sie unvorstellbar groß und fast in allerletzten Sekunde kann ich
wieder laufen, und ich laufe.
Ich muss schneller sein als diese riesige Welle.
Dann merke ich, dass ich gar keine Chance habe.
Plötzlich steht einer neben mir, der mir eine Flasche hinhält.
Ich greife danach, trinke daraus und alles ist wieder in
Ordnung.

Die Letzten der Welt!

Wer kämpft, kann verlieren,
wer nicht kämpft, hat verloren.
Und was ist nun?
Jeder hat so seinen Kampf.
Der eine mit seinen Fäusten
der andere ums Überleben.
Und manchmal ist einer dabei,
der es aufgegeben hat, sich und die Welt.
Das sind dann die Aussteiger.
Die Letzten, der Dreck, der Abschaum
der Menschheit.

PENNER!

Alte Männer!

Man sah ihnen die Trostlosigkeit
aus den Augen rinnen.
Vergessen wie die Vergangenheit,
aufgebraucht und ausgelaugt,
verloren und verarscht.
Hatten sie noch Klasse?
Diese alte Garde von Herrenmannschaft,
einen Haufen verrückter Männer.
Keiner unter sechzig
und alle selbst gemachten Wein saufend,
der nicht einmal schmeckte, aber der
die letzten Zellen zum Schweigen brachte,
saßen sie auf ihren alten und fetten Ärschen
und warteten.
Täglich wurde einer von ihnen abgeholt
und vergraben.
Es war egal!
Dabei könnten sie es noch einmal schaffen.
Den Weibern auf den Hintern hauen,
gute Nummern schieben,
Partys feiern und sich vernünftig
besaufen.
Besaufen bis alles wieder so trostlos ist,
wie es war und warten auf das
sterben.

Heiner, hör zu!

Als es an der Tür schellte, öffnete ich gerade mein fünftes
Fläschchen. Ich drückte die Haustür auf und sah das Licht im
Treppenhaus aufleuchten. Stimmen hörte ich keine, nur
Schritte. Schritte, die immer lauter wurden, jemand mit
Cowboystiefeln. Das hörte man auf den alten Holztreppen
besonders gut heraus. Ich dachte an mein Fläschchen, das im
Wohnzimmer auf dem Tisch auf mich wartete.
Die Schrittlaute verstummten und vor mir stand Heiner.
Heiner kannte ich kaum. Wir hatten uns zwei oder dreimal
zufällig in der Bar getroffen und zusammen gesoffen. Dabei
hatte ich ihm mal meine Adresse gegeben. Nun stand er vor mir
mit blassem Gesicht und einer Gitarre unterm Arm geklemmt.
Ich ließ ihn herein und wir unterhielten uns. Dabei erzählte er
mir, dass er verdammt einsam sei und er mit mir, wenn ich
zustimmen würde, gerne eine Freundschaft beginnen würde.
Mir ging es kaum anders und ich holte die nächsten Fläschchen
aus dem Kühlschrank.
Nach einigen Stunden spielte er mir mit seiner Gitarre selbst
getextetes vor und ich war beeindruckt.
Dann las ich ihm einige meiner Geschichten vor und nun war
er beeindruckt.
So wurden wir im Nu dicke Kumpels, einige Jahre lang, bis er
verschwand. Ich werde ihn nie vergessen. Er verschwand
einfach so ohne ein Wort. Nie wieder hörte ich von ihm.
Ob er lebt oder tot ist, wird wohl immer eine unbeantwortete
Frage bleiben.

*„Heiner, wenn Du dieses einmal lesen solltest, solltest Du auch
wissen, Du warst ein Freund."*

Der Mitternachtstrip!

Es war spät am Abend und ich zog es vor diesen Abend einmal
klar und nüchtern zu verbringen.
Vollgefressen mit Burger's, die ich mir selbst zubereitete, setzte
ich mich in meine alte Karre und fuhr los. Ohne Ziel und ohne
Sinn, einfach darauf los auf dem Highway nach Osten bis ich
Stunden später an der Küste ankam.
Dort stieg ich aus und lief runter zum Strand. Es war mitten
in der Nacht, stockfinster war's und die See rauschte wie die
Ewigkeit. Ich setzte mich auf einem großen Stein, bohrte meine
Hände in den kühlen und feuchten Sand, dachte über den
Alltag in der großen und stinkigen Stadt nach und genoss die
salzige Meeresbrise. Dachte nach, über den ganzen Scheiß
womit sich das Leben füttern lässt.
Nach einer längeren Weile stand ich, fast hilflos und
gebrechlich auf, und schlenderte einige Meter in der dunklen,
rauschenden Ewigkeit umher bis ich mich wieder auf einem
Stein hinab ließ.
Diese Atmosphäre wirkte wie eine Befreiung meiner
Gefangenschaft.
Wie ein heißer erhebender Trip.
So allmählich fühlte ich mich wie neu geboren und die ersten
Sonnenstrahlen erblickten mein Gesicht.
Ich wusste, wenn ich jetzt wieder in meine Karre steigen würde
und zurückfahre, wäre alles wieder beim Alten aber der
Gedanke an hierher zurück, gibt mir doch wieder neue Kraft.

Trostloses Ende!

Merkwürdig war es nicht gerade,
wie er da saß und die Zeitung las.
Der Fluss, der vor ihm floss, arbeitete
wie jeden Tag an dieser Stelle seine
Kubikmeter Wasser ab.
Ab und zu kam ein Spaziergänger mit
seinem Hund vorbei.
Mal einige Jogger und mal einige Radler.
Spaziergänger ohne Hund und Hund ohne
Spaziergänger.
Keiner bemerkte ihn.
Dann mal wieder einige Radler.
Die Sonne schien und er schlug die
Zeitung um.
Nach einigen Stunden faltete er sie zusammen,
legte sie sorgfältig neben sich,
stand auf und fuhr sich mit der Hand
durchs Haar.
Ging dann ans Ufer und sprang hinein.
Dann wieder einige Jogger und Radler.
Er tauchte nicht mehr auf.
Da lag sie nun, die Zeitung die er las.
Ein Hund kam vorbei und zerfetzte sie.

Störende Momente!

Das ist herrlich, endlich in der Badewanne zu liegen und sich zu entspannen.
Leise Musik im Hintergrund und alles schön.
Plötzlich ein fürchterliches Klingeln. Scheiße, das Telefon.
Da springe ich Vollidiot aus der Wanne, schnappe mir ein Handtuch und renne los.
Ich kam nicht weit. Kaum aus dem Bad liege ich auch schon auf die Fresse.
Scheiße, die Knochen schmerzen. Ich rappele mich auf und erreiche das Telefon. Das scheiß klingelnde Ding und auf einmal nichts mehr, kein klingeln nur die leise Musik.
So ein Dreck! Jetzt lässt der Arsch nur vier Mal bimmeln.
Ich lege den Hörer neben das Telefon und krauche schmerzend wieder in die Wanne.
Ding Dong, oh nein, es klingelt an der Tür.
Wochenlang kein Ton und dann so was.
Aber dieses Mal war ich schlauer. Ich blieb liegen.
Ich faste mir an die Knie und blieb liegen.

Grau und faltig hinter Gittern!

Wie lange hatte er auf diesen Tag gewartet. Sein halbes Leben hatte er hinter Gittern verbracht.
Seine Haare waren grau. Sein Gesicht und seine Hände waren faltig und rau.
Er hätte Bücher schreiben können vom Leben im Knast.
Dort verbarg sich ein Haufen Wahnsinn, ein Haufen Dreck, Müll, Schmutz und Hoffnung. Hoffnung auf das Leben danach.
Viele hatte er tot gesehen. Hoffnungslose Selbstmörder und Verrückte.
Nun war sein Tag gekommen, sich frei in einer Gesellschaft zu bewegen und einzugewöhnen war seit über zwanzig Jahren sein Ziel. Er wusste, was die Freiheit für ihn bedeutete.
Jetzt konnte er seine Millionen bergen die er damals im See, kurz vor seiner Verhaftung, versank.
Seine alten Tage im bescheidenen Reichtum versorgt zu wissen, tat ihm verdammt gut. Fünfundzwanzig Jahre waren eine lange Zeit. Fünfundzwanzig Jahre wartete er und fünfundzwanzig Jahre hatte er nur einen Gedanken.
Nach seiner Entlassung baute er sich eine Villa in Argentinien am Rande des Urwaldes und lebte sein Leben. 1979 starb er an Thrombose.
Sein Vermögen hinterließ er den armen und kranken Kindern Argentiniens.
Das Buch, welches er schrieb, wurde nach seinem Tode weltweit veröffentlicht und war ein Riesenerfolg.

Langweilig ist es!

Endlich Feierabend, Wochenende.
Ich setze mich ins Wohnzimmer und denke über diese scheiß
Woche nach. Relaxe ein wenig. Ein Bier würde jetzt guttun.
Ja, ich werde Eins trinken. Den Fernseher mache ich erst gar
nicht an, blödes Fernsehen.
Ich starre aufs Telefon aber rufe niemanden an. Ist mir doch zu
dumm.
Ich gehe erst mal pinkeln. Das ist gut. Danach bringe ich mir
noch ein Bierchen mit.
Es schmeckt besser als das Erste. Mir wird bewusst, dass ich zu
viel rauche, wenn ich Bier trinke, aber ich stecke mir noch Eine
an. Es ist langweilig! Mein Bein wackelt mit dem Takt der
Musik aus dem Lautsprecher.
Draußen ist ein Bombenwetter. Die Sonne knallt und ich hänge
hier rum wie der letzte Arsch.
Ich glaube, ich hole mir noch ein Bier. Im Kühlschrank ist alles
voll davon.
Dauernd stehe ich auf und gaffe aus dem offenen Fenster.
Es bringt mir nichts.
´Klick´ und die Musik ist aus. Die Kassette ist zu Ende. Ich
drehe sie um und hole mir noch eine Flasche aus der Küche.
Die Zeit verrinnt langsam aber auch schnell. Irgendwie eine
Mischung von beiden.
Es wird niemand an der Tür schellen und das Telefon wird
auch ruhig bleiben. Ich weiß es.
Ich stelle mir die Frage, was? Was mache ich hier eigentlich?
Aber darauf habe ich auch keine vernünftige Antwort. Noch ein
Bier.
Eine Stunde werde ich es noch aushalten, aber dann, dann gehe
ich raus.

Die letzten Zeilen!

Wer wird mein Grab pflegen, wenn ich einmal nicht mehr bin?
Wer wird sich an mich erinnern?
Wer wird einmal sagen, er war schon in Ordnung?
Ich weiß nicht, ob es so wie ich lebte, lebenswert war.
Ob es gut oder schlecht war oder die Entscheidungen, die ich
traf, richtig oder eher falsch waren.
Ob ich die Freunde die ich hatte, wirklich Freunde nennen
konnte.
Ich glaube, es waren wohl nur sehr wenige.
Es gab kein zurück aus der Sackgasse, in der ich mich befand.
Kein Entkommen, kein Entrinnen.
Wer wird mich verstehen? Keiner, denn dafür gibt es kein
Verständnis.
Keine Entschuldigung und keine Rechtfertigung.
Der Einzige werde ich sein.
Meine Seele mit blutigen Wunden und nicht ausgeheilten
Narben bitte ich um Vergebung.
All das was ich besaß oder was ich bekam, war nichts zudem,
was ich brauchte.
Sprecht nicht von mir, als wäre ich ein dummer Mensch
gewesen.
Ich war nur etwas ängstlich und verdammt einsam.
Die Maske, die ich trug, setzte ich mir selber auf.
Hinter ihr versteckte ich mich wie Augen hinter einer
Sonnenbrille.
Die Fehler, die ich machte, waren zu groß.
Sie lenkten mich in eine Richtung, in die ich niemals gehen
wollte. Als ich es bemerkte, war es zu spät.
Das, was ich erlebte, war zu viel.
Zu schwach, zu spät.

Ich danke euch allen, die mich glücklich zu machen
versuchten, und die mir Freude bereiteten.
Ich danke euch allen für die gute Zeit, die mir sehr viel
bedeutete.
Euch allen, die mir halfen und allen, die mich liebten.
Danke!
Trauert nicht um mich, denn ich habe mir die Qualen
genommen.
Sie brannten wie Jod in tiefen offenen Wunden.
Danke!
Seht nicht zurück, sondern nach vorne, denn dort liegt euer
Dasein.

Das Gespräch im Fahrstuhl!

Er war etwa sechzig und sah ziemlich verkommen aus.
Wir fuhren rein zufällig zusammen im Fahrstuhl, als dieser
stecken blieb.
Der Notruf funktionierte nicht und das Licht erlosch auch.
Alles war ausgefallen, alles war ohne Strom.
Wir setzten uns auf dem Boden und versuchten uns
gegenseitig, nach der ersten Aufregung, zu beruhigen.
Schnell kamen wir, trotz unserer Gegensätzlichkeiten, er ein
alter Knabe und ich ein junger Spund, ins Gespräch.
Wir sprachen über Fahrstühle und wie unzuverlässig sie waren.
Dann über Gott und die Welt. Danach wieder über Fahrstühle
und irgendwann fragte ich ihn, wie er zum Leben steht und wie
er es sieht. „Ziemlich gut und positiv", sagte er, „genauso wie
ich die Hölle sehe", sagte er. „Die Hölle?", erwiderte ich
fragend.
„Ja die Hölle. Sie spielt eine sehr große Rolle im Menschen-
dasein. Ist Dir das noch nie aufgefallen?", fragte er. „Nein",
antwortete ich.
Ich verstummte und überlegte mir genau die nächste Frage,
aber bevor ich fragen konnte sagte er:
„Wie schnell sagt ein Vater zu seinem Kind, Kind, wenn Du
nicht artig bist, kommst Du in die Hölle.
Oder, heute auf der Arbeit war die Hölle los." Ich nickte etwas
zögernd, aber das sah er ja eh nicht. „Die Hölle", sagte er, „ist
immer das Negativste vom Negativem und das Negativste ist
nun mal genauso wichtig wie das Positivste." „Ja", sagte ich,
„dann missbraucht man sie ja auf irgend einer Weise!"
„Genau, ob man daran glaubt oder nicht, ob es sie gibt oder
nicht ist eigentlich ohne Bedeutung. Sie verkörpert das
Schlechte und das Schlechte die Hölle. Entscheidend ist nur,

dass es sie in unseren Köpfen gibt. Vielleicht ist sie auch nur eine Erfindung der Menschheit für alle seine Gräueltaten", sagte er. „Es hat gebrannt wie in der Hölle", fügte er noch hinzu.

Nun verstand ich, was er mir damit sagen wollte.

Das Licht im Fahrstuhl erleuchtete. Wir standen auf und fuhren abwärts. Draußen gab er mir seine Hand und wir gingen in verschiedene Richtungen.

Zwei Stunden saßen wir in diesem Fahrstuhl fest und ich fragte ihn nicht einmal nach seinem Namen.

Das ärgerte mich ... nicht.

Selbstmord!

Wie viele haben es schon versucht und wie viele werden es noch versuchen?
Wie viele noch? Und warum?
Na ja einige, weil sie vielleicht eine unheilbare Krankheit hatten oder damit nicht mehr weiter machen wollten oder konnten.
Einige, weil sie sich verlassen gefühlt haben oder waren.
Sind wir nicht alle irgendwie Selbstmörder?
Jeder so auf seiner Art!
Und am Ende bleibt nur ein Grabstein worauf der Name und das Lebensdatum steht.
Man braucht sich doch nur einmal umzusehen in dieser Welt.
Zerstören Sie und wissen es auch noch. Jeder nur ein bisschen und viele sehr viel.
Ist das denn nicht erniedrigend uns selber gegenüber?
Uns und unseren Kindern?
Ist das denn nur noch geboren, um zu sterben?
Oder wie war das mal?
Geboren, um zu gebären!
Lohnt sich das denn noch?
Kinder auf dieser Welt zu setzen und dann noch zu sagen:
„So, jetzt seht selber zu, wie ihr damit fertig werdet".
Und am Ende bleibt so und so nur ein Grabstein.
So wird das auch weitergehen, genau so und nicht anders, eher schlimmer.
Dann zum Schluss dieser Grabstein worauf nicht einmal zwei Zeilen stehen.
Heile, heile Welt.

Liebe und Hass!

Ich liebe die Blumen auf der Wiese,
ich liebe das Bier am Samstag,
ich liebe die Nacht, und ich liebe die Reinheit und
Unschuld eines Mädchens.
Ich liebe den Freitag und Samstag und ich
hasse den Montag und den Dienstag.
Ich hasse die Zeit sechs Uhr in der Frühe.
Ich hasse und ich liebe mich.
Ich hasse die Frühschicht, die Mittagsschicht und
die Nachtschicht.
Ich liebe die Freischicht.
Ich liebe den Augenblick der Geburt.
Ich liebe den Moment der Wahrheit.
Ich liebe die Natur und das scheiß Leben.
Ich hasse die Grausamkeit,
ich hasse den Bienenstich in meinem Arm.
Ich hasse und ich liebe mich.
Ich liebe kleine brave Kinder, die nicht schreien und
ich hasse den Gang zur Arbeit.
Ich liebe es, angetrunken über mich zu reden,
ich liebe die Kuh auf der Weide.
Ich hasse den Gestank auf dem Scheißhaus.
Ich hasse es, betrogen zu werden.
Ich liebe den Sonnenuntergang und ich liebe weiße Rosen.
Ich liebe das Trinken in der Gesellschaft,
ich liebe das Trinken alleine,
ich liebe das Trinken und Essen.
Ich hasse meine ollen Hauslatschen und den
Schmutz in meinen Ohren.
Ich liebe den Frauenkörper und die Musik,

die Dunkelheit,
schöne Geschichten,
den vergessenen Einkaufszettel,
den Kaffee zur rechten Zeit,
die Komiker,
das Auto,
die Frauen,
das Bett,
den leeren Kühlschrank,
das blaue Meer,
die Klarheit in meinem Kopf,
den Goldfisch,
die kleine Lüge,
das Dasein,
das Sein.
Die Liebe,
den Hass
und das Leben.

Billy´s Rache!

Ich weiß nicht genau, aber es war schon ziemlich spät, als es an der Tür klopfte. War gerade dabei den Fernseher auszuschalten und mich in meiner Koje breitzumachen. Es war ein harter Tag heute auf dem Schlachthof und ich freute mich darauf endlich ins Bett zu fallen.
Ich wunderte mich, so spät klopft sonst keiner an der Tür und schon gar nicht unter der Woche.
Als ich die Tür öffnete stand Frank vor mir. Er war ganz weiß im Gesicht, dazu tropften einige Schweißperlen von seiner Stirn und atmete heftig, so in kurzen Abständen ein und aus, wie ein Hund, der in der Sonne bei starker Hitze ein Wettrennen veranstaltet hatte.
„Komm rein und was ist los?", fragte ich.
„Sie haben Bill erwischt", sagte er, „eiskalt umgelegt haben sie ihn."
Bill und Frank waren die dicksten Kumpels, die man sich nur denken konnte. Bill hatte meist eine Masse Schulden bei den Buchmachern und von daher kam es schon öfters vor, dass er an die Falschen geraten war, aber dann bezog er eigentlich nur einen Haufen Prügel.
„Und sie haben ihn umgelegt?", fragte ich. Frank nickte nur mit dem Kopf.
Bill pumpte dann immer jeden an, den er kannte, bis er die Mäuse zusammen hatte. Und jetzt so was! Ich blickte Frank an und wusste was er vorhat und ich sollte mitmachen und ihm helfen.
„Man Frank, hör bloß auf mit dem Quatsch", erwähnte ich immer wieder, aber ihm war es einfach nicht auszureden. Ich zog mir eine Hose an, ging mit ihm runter zum Wagen, und wir fuhren durch die Stadt aufs Land. Dort wohnt Werner.

Werner hatte bei Frank noch etwas gut zu machen und er war der Einzige, den wir kannten, der in null Komma nichts einen Ballermann besorgen konnte.

Die Frage war nur, ob er es machen würde. Immerhin hatte er sich zur Ruhe gesetzt, wie er es immer von sich sagte. Damals, nach unserem letzten Coup, hatte er auch die Knete zusammen, die er für eine bescheidene Farm im Grünen brauchte.

Er heiratete und jetzt hatte er schon drei kleine Buben, die großgezogen werden wollten. Aber Werner war auch immer einer von uns und ich wunderte mich nicht, als wir ihm die Sache erzählten, zögerte er keinen Moment.

Anschließend gingen wir rüber zur Scheune, wo er in einem alten Koffer, vergraben unter einigen Strohballen, eine abgesägte Flinte und einen Revolver hervorzog.

Die Sache nahm langsam Format an und in mir wurden alte Erinnerungen geweckt. Trotz alldem war ich mir nicht sicher. Hatte wohl Angst, dass irgendwas schieflaufen könnte, aber das hatte ich jedes Mal und dieses Mal ging es um Billy´s Rache, während die Unsicherheit wieder verschwand.

Jedenfalls mir ging es so. „So jetzt fehlt nur noch Einer", sagte ich, „George!"

George war mit Billy der Fünfte im Bunde.

Er hatte gerade zwei Jahre abgesessen und wir wussten, wo er zu finden war. In irgend einer Bar auf der Fünften Avenue. George war nie kleinzukriegen. Wie oft rief er uns alle an und hatte einen Deal auf Lager, aber wir waren alle raus aus dem Geschäft.

Nach einigen Stunden fanden wir ihn. Tatsächlich in einer zweitklassigen Bar auf der Fünften.

Mit ihm brauchten wir auch nicht lange um den heißen Brei zu quatschen. War auch kein Wunder bei George. Gerade er wollte uns ja immer wieder alle zusammen bringen.

Also vier alte Haudegen und zwei Kanonen, nein drei!

George hatte auch noch eine. „Was ist mit Billy´s Bruder, Mike?", fragte Werner.

„An den habe ich gar nicht gedacht", sagte ich, und Frank meinte: „Auf zu Mike." Dort angekommen, sahen wir ihn, er sah ziemlich fertig aus.

Na ja es traf uns alle sehr, dass Billy nicht mehr war, aber Mike hatte besonders daran zu knacken.

War ja auch sein einziger und dazu jüngerer Bruder.

Wir nahmen Mike mit und fuhren zu Old Joe. Old Joe wusste alles, aber auch alles was so in der Stadt geschah. Er konnte uns auch sagen, wer Bill auf dem Gewissen hatte. Wir hatten natürlich schon alle unsere Vermutungen, die uns Old Joe bestätigte. Es war Bernetta. Er war der, man kann sagen, Oberboss der Stadt. Fast in jedem Wettbüro kassierte er ab, also einer der ganz Üblen.

Er hatte den Auftrag für Billy´s Beseitigung gegeben. Bloß ich verstand eins nicht. Warum hatte er Billy erledigen lassen? Warum bezog er dieses Mal keine Prügel? Warum? Diese Fragen gingen mir schon eine ganze Zeit durch den Kopf.

Wegen einigen lausigen Dollars konnte es nicht sein.

Sicher gab es solche Schweine, aber nicht Bernetta. Nein, dachte ich, wegen einigen Dollars würde er nicht gleich seine Killer auf Billy ansetzen. Es musste also noch was sein!

Ich fragte Frank.

Frank war schon immer so ein Typ. Er erzählte uns mal wieder nur die Hälfte.

„Also schieß schon los", sagte Werner.

Frank wusste nicht richtig den Anfang zu machen. „Bill wollte den ganz großen Clou landen.

Er wollte Bernetta aufs Kreuz legen", sagte er.

„Wie in Gottes Namen wollte er das denn machen und dann noch alleine?", fragte ich laut.

„Ich weiß es auch nicht", meinte Frank, „er wollte mit Bernetta gemeinsam einen großen Deal drehen und ihn dann abzocken. Wie, sagte er mir nicht. Er wollte da kein Risiko eingehen, wenn davon noch mehrere wüssten. Billy rief mich gestern an und erzählte mir, dass er es fast geschafft hätte. Bernetta, so sagte er, habe seinen Köder geschluckt und er bräuchte nur noch bis Sonntag zu warten." „Wie konnte er nur so dumm sein!" Kaum hatte ich die Worte ausgesprochen, da griff mir Mike auch schon an den Kragen und schnauzte: „Dumm häää, dumm?" „Ja ist schon gut, sorry Mike, war nicht so gemeint, okay", beschwichtigte ich ihn, und Mike ließ von mir ab.

So langsam kamen einige Spannungen auf, immerhin wollten wir Bernetta erledigen.

„Lasst uns mal lieber nachdenken, wie wir die Sache angehen sollten", meinte George.

Das passte mal wieder zu George, gerade er war derjenige der mit dem ganzen Deal´s angetrabt kam und meist einen Riesenplan zu machen versuchte, aber am Ende mussten wir ihm immer sagen, was er zu machen hatte. Es war nicht einfach an Bernetta heranzukommen. Er hatte immer zwei seiner Bodyguards um sich. Ja, wir machten einen Plan, zwar keine große Sache, aber einen Plan.

Einmal im Monat pflegte Bernetta höchst persönlich zur Rennbahn zu fahren, wie wir von Old Joe hörten, und das war nun mal unsere beste Chance. Da wir nicht mehr die Mittel zur Verfügung hatten wie zu unseren besten Zeiten, sahen wir darin die beste Chance ihn zu erledigen.

Wir trafen uns alle am Sonntag vor der Rennbahn wieder und warteten auf den großen Bernetta.

Old Joe erzählte uns auch, dass Bernetta einen Platz in der Tiefgarage unter der Rennbahn besitzt, und ich dachte mir, somit wäre es ein einfaches alles unauffällig über die Bühne zu bekommen. Dann kam er. Er fuhr in einem riesigen Schlitten vor. Vorne stiegen zwei Leibwächter aus und sahen sich um, bis sie Bernetta ihr okay gaben. Wir versteckten uns hinter den vielen Rolls-Royce's, Porsches und Ferraris der oberen Zehntausend, die hier zu parken pflegten.

Bis er endlich ausstieg. Kaum stand er draußen, rannte Frank los und ballerte, was das Zeug hielt auf Bernetta ein. Sie hatten nicht einmal mehr Zeit gehabt Luft zu holen. Aus allen Ecken schepperten wir nur so darauf los.

Nachdem alle drei erledigt waren, trennten wir und sofort. Jeder ging wie zuvor seine Wege und Bill wurde gerächt.

Die Cop's hatten eine andere Fährte.

Das war unser letzter Coup, wobei für niemanden etwas heraussprang als Billy's Rache.

Kalte Zeit!

Nie wieder wird es mehr so sein, wie es einmal war.
Nie wieder so, wie wir das Leben in unseren Lungen
inhalierten.
Früher war alles anders. Irgendwie einfacher, simpler, besser
und wärmer.
Bin ich ein alter Mann, war ich ein alter Mann oder werde ich
noch ein alter Mann, oder bin ich ein junger Mann, oder
überhaupt?
Ich bin kein Kämpfer, kein Mörder, kein Scheißer aber ein
Arsch hab ich, den ich immer zu retten versuche.
Ein Scheißkerl bin ich! Ein ironisch, Humor besessener,
besoffener, gehässiger
Scheißkerl.
Die Siebziger gefielen mir, die Achtziger nicht ganz so gut und
die Neunziger miserabel.
Gefüllt mit erschütternden Tatsachen, toten Menschen die ich
viel zu wenig oder gar nicht kannte.
Schade! Ich fresse es in mich, wie ein fetter Heini einen
Hamburger in sich hinein schlingt.
Eines Tages wird auch mein letzter Atemzug gezogen sein, aber
dann, so hoffe ich, nicht in den Abgrund des Ungewissen ohne
den Mut und die Hoffnung auf das Weitergehen.
Vielleicht werde ich in die Ecke pissen und dabei verrecken,
aber ich habe danach auf jeden Fall etwas vor.
Egal was es ist.

In der Litfaßsäule!

Der Kreislauf des Lebens spielt sich in dieser kleinen Litfaßsäule ab. Es ist ein wenig eng, aber für mich alleine reicht es. In dieser kleinen Säule mit einem Bett und einem Sofa. Mit dem Fernseher und dem immerzu gut mit Bier gefülltem Kühlschrank, mit der guten Musik und mit dem Mittelpunkt des Daseins. Im Kreis herum und dazwischen ein Türchen. Dahinter eine Kneipe.
Ein, zwei, drei Biere und zurück durch das Türchen. Wieder im Kreis herum zwischen Sofa und Kühlschrank ein anderes Türchen und eine andere Kneipe. Ein, zwei, drei Biere und zurück.
Und noch ein Türchen und wieder ein, zwei, drei.
Ab und an kam es schon mal vor, dass jemand den Deckel der Litfaßsäule anhob und mir die Hand reichte. Schnell gegriffen und zugepackt, angehoben bis ich das Licht sah. Die Sonne und die Wolken. Bis sich mein Schädel aus der Litfaßsäule herausblickte.
Plumps, meine Hand löste sich von der anderen Hand und der Deckel fiel.
Wieder ein, zwei, drei.
Vielleicht kommt die Zeit auch mal zu mir. Sieben Hände hielt man mir entgegen und siebenmal rutschte ich ab.
Eines Tages werde ich es schaffen und dann, dann bin ich frei.

Der kleine Prinz!

Vor vielen Jahren, wo das Automobil noch ein Fremdwort war, gab es eine Familie namens Winters. Die Winters waren eine liebe Familie. Vater Winters war Holzfäller und musste viele Bäume schlagen, um seine Familie zu ernähren. Mutter Winters hatte alle Hände voll mit den beiden Kindern Judy und Larry, mit dem täglichem Brot backen, um es in der Nachbarschaft zu verkaufen, dem eigenen großen Garten und seinen Erntezeiten. Ja es war eine Zeit, wo man den ganzen Tag schuftete und hart arbeiten musste und nicht einmal Zeit für sich selber hatte.
Judy war vierzehn und kam letzten Sommer aus der Schule. Ab jetzt musste sie sich völlig der Arbeit ihrer Mutter unterwerfen. Irgendwann so sagte sie immer wieder, werde sie den Nachbarsjungen heiraten und ihren eigenen Hof haben.
Mit Hühner und den vielen anderen Tieren.
Ja und da gab es noch Larry. Er war anders. War ein Träumer. Er war irgendwie falsch in der Zeit, in seiner Zeit, die man Zeit nennen konnte. Larry war trotz seiner Träumereien ein sehr aufgeweckter Junge. Zwölf Jahre seines Lebens waren an ihm vorbeigegangen, ohne dass er es als wichtig empfand. Ja, wenn der Bischof ins Dorf kam oder die Post ins Haus, war es schon wichtig, aber ihn persönlich betraf es nie. Auch das Dorffest war eine tolle Sache, aber es hätte auch ohne ihn stattgefunden. Also war es für Larry eine Sache, die ihn nicht betraf. Er wollte mal raus, raus aus dem Dorf. Er wollte die Weite sehen. Er fühlte, dass er was Besonderes war. Er war der Prinz der Freiheit und er wusste, dass er das Dorf bald verlassen würde. Er wusste, dass die Zeit ihn rufen würde und er dann nie wieder Heim käme. Er war der Prinz der Freiheit.

Wüstengrab!

Ich fuhr quer durch die Wüste nach Osten. Hunderte von
Meilen durch Sand und Staub.
Sah Bauarbeiter am Rande der Highway in glühender Hitze.
An einer Stelle stieg ich aus
und rauchte eine und sah einen Mann ein Loch graben.
Ich dachte an Rita und an ihren verfressenen Köter und an Susi.
Sie war die Schönste von denen
die ich so vernaschte. Sie hatte auch immer diese besondere
Ausstrahlung, die ich einfach nicht
beschreiben kann.
Hier mitten in der Wüste fallen mir all diese Geschichten mit
den Frauen ein, hier in dieser Einöde.
In dieser trockenen und sandigen Gegend.
Ich blickte erneut zu dem Loch grabenden Mann und sah ihn
nicht mehr.

Der Mensch und sein Drumherum!

Menschen sind Barbaren. Menschen sind das, was das
Tierreich niemals werden wollte.
Sie töten.
Ich glaube, die Menschheit wird nicht mehr all zu lange diesen
Globus bevölkern.
Sie töten.
Sie töten diese Welt, sich selbst und ihr ganzes Drumherum.
Die Tränen der Menschen die es fühlen, füllen die Meere der
Welt. Die Kriege der Menschen füllen die Gräber der Welt.
Das, was man uns gibt, werfen wir über den Haufen.
Dass uns das nicht klar wird, ist mir klar, aber dass wir nicht
einmal Einsichtigkeit zeigen verwundert mich doch ein wenig.
Die Bilder dieser Gräueltaten sind erschütternd. Menschen die
sich über alles stellen. Menschen, die doch sooooooo viel
besser sind als Tiere.
Ich sprach mit dieser Frau, mit dieser kleinen Frau. Sie war mit
ihrer Einstellung gar nicht auf meiner Wellenlänge, aber es
machte mir nichts. Wir sprachen über die Polen und Rumänen,
über die Neger und Russen, über die Serben und Kroaten, über
die Tschechen und über die Albaner.
Über die Türken und Italiener, über die Iraner und die Iraker,
die Libanesen und Vietnamesen, über Chinesen und alle
anderen Völker die die Erde und unser Land bevölkern.
Über die Zigeuner und die Sintis,
über Engländer, Amerikaner, Franzosen und Spanier.
Ach ja und über diese
Deutschen und auch Norweger und die Schweden
auch von und über die Iren und die Dänen,
Holländern und Österreichern.
Schweizer und die aus Liechtenstein und

76

die Portugiesen und über dem gesamten Ostblock.
Wir sprachen über alle Völker. Wir sprachen auch von den Christen
und von den Juden.
Über die Indianer und Afrikanern und Mayas und Inkas und über alle
Verfolgten und den Andern alle, die glaubten zu glauben, was den Gläubigern nicht rechtens erschien.
Rassismus wird, solange der Mensch lebt, immer geben, und wer kann sich davon freisprechen.
Gibt es außer Gott noch jemanden? Gott? Ist Gott überhaupt Antirassist? Was wiegt schlimmer, eine Gesellschaft ohne Gott oder eine Gesellschaft ohne Glauben?
Wer weiß?
Tausende Jahre in der Vergangenheit und ebenso viele Jahre in der Zukunft wird es das geben, immer Rassen trennend.
Mensch, in der Hinsicht widerst du mich an!

Der kleine Junge!

Ein Gefühl des Grauens spürte ich, während sich meine Augen öffneten. Als würde sich mein Schädel spalten.
Langsam kroch ich aus dem Bett und krabbelte zur Küche, raffte mich auf, öffnete den Schrank, nahm ein Glas und Aspirin heraus und goss etwas Wasser hinzu, und während ich es mit einem kräftigen Schluck herunterschlürfte klopfte es an der Tür.

Es war heiß, ich glaube, so heiß war es noch nicht in diesem Sommer. Alle Fenster standen noch sperrangelweit offen und ich inhalierte, trotz des Geruchs meines Schweißes, tief durch die Nase ein und wieder aus. Der Ventilator rotierte die ganze Nacht durch und das Radio dröhnte immer noch diese schreckliche Musik aus sich heraus. Musik kann man es noch nicht einmal nennen, eher eine Art von schmerzhaften Grölen.

Wieder klopfte es an der Tür.

Ich ging langsam schon fast schlendernd zum Klo, zog meine Unterhose etwas herunter und ließ es einfach so plätschern.

Klopf, klopf. Plätscher, plätscher.

Ich riskierte noch einen raschen und oberflächlichen Blick in den Spiegel und dachte an irgendeinen Vertreter für Staubsauger, der da klopfte und klopfte. Ich öffnete die Tür, aber sah keinen Vertreter für Staubsauger, sondern stattdessen stand ein kleiner Junge auf meiner Fußmatte.
Ein kleiner Junge stand da und stand da. Wir starrten uns an und ich zuckte mit den Schultern.

Er zögerte nicht und zuckte ebenfalls mit seinen Schultern. Nun schüttelte ich den Kopf und fuhr mir mit der Hand durchs strubbelige Haar.

„Was ist?", fragte ich sehr verdutzt. Er gab mir keine Antwort. „Was willst Du hier?", fragte ich erneut. „Meine Mami schickte mich zu Dir", sagte er. „Deine was, Deine wer, Deine Mami?", erwiderte ich. „Ja", brachte der Kurze noch zum Ausdruck, bevor ich die Tür zu knallte.

Ein Augenblick von Angst brach in mich hinein. Ich starrte die Tür an und öffnete sie wieder.

„Und was jetzt, wo ist denn Deine Mami?" Er blickte mich verdutzt an. „Hmmm na ja, dann komme erst mal rein und sag mir mal Deinen Namen?"
„Mario", sagte er, „ja und weiter?", fragte ich erneut.
„Frankolinie, Mario Frankolinie", sagte er.
„Frankolinie", brummelte ich vor mir hin. Und ich fragte weiter: „Und wie alt bist Du? Du kleiner Frankolinie."
„Zehn", sagte er noch.

Da stand ich nun mit einem zehnjährigen Jungen namens Mario Frankolinie und einem dicken Brummschädel.

Ich machte Frühstück und während wir aßen, unterhielten wir uns. Er erzählte mir von seiner Mami und von seinem Papi, den er sich besonders wünschte. Von seinem Opa, der im letzten Winter starb und von seiner Lehrerin, in die er anscheinend verknallt war.
Die Zeit verging im Nu. Es war schon Mittag und ich holte mir eine Dose Bier aus dem Kühlschrank. Dann nahm ich einen großen Hieb aus der Büchse und schon spritzte es aus meinem

Mund. Die Backen füllten sich in kürzester Zeit und ich lief mit vorgehaltener Hand zum Klo.

Während ich eine Ladung ins Klo kotzte, dachte ich, welch ein Anblick für den kleinen Mario.
Plötzlich klopfte er mir auf den Rücken und redete mir gut zu.
„Meine Mami", sagte er, „kotzt auch öfters." Daraufhin überkam es mir ein zweites Mal. Danach setzten wir uns wieder ins Wohnzimmer und quasselten über dies und das. Ich trank mein Bier weiter und er erzählte mir, dass zur Zeit Ferien sind.

Es war mir egal ob Ferien sind oder nicht und ob seine Alte öfters ins Scheißhaus kotzte oder eben nicht. Es war doch irgendwie völlig egal. Die Hauptsache war doch nur, dass endlich jemand den Kurzen hier abholt. Ich dachte schon an die Bullen, aber die würden mich gleich einlochen und den kleinen Mario dazu oder ins Heim stecken. Niemand aber auch Niemand meldete sich und ich hatte auch kein Bier mehr.

Draußen war's heiß, hier drin auch und es wurde immer später. Ich schnappte mir den Mario und ging mit ihm runter zur Lisas Kneipe gegenüber. Lisa stand hinter der Bar und ich hob den Jungen auf einen Hocker. Sie kraulte ihm ans Ohr und sagte: „Hey mein Kleiner, wer bist Du denn?" „Ich bin mit Onkel Pete hier", antwortete er. „Ich wusste gar nicht, das Du einen Neffen hast, Onkel Pete", bemerkte sie.
„Du weißt so vieles nicht und jetzt machst Du mir mal ein Bier klar und für den Jungen was zu beißen und eine Milch oder so, okay!" „Sei man nicht gleich so borstig, habe ja nur nett gefragt", erwiderte sie. „Mach hin", sagte ich und lächelte Mario zu.
„Warst Du schon einmal in solch einem Schuppen?", fragte ich

ihn. „Nein", sagte er, „aber meine Mami hatte ich mal gesehen wie sie, als ich von der Schule nach Hause ging, aus einer Kneipe wie diese hier kam." „Hmmm", gab ich von mir.

Ich bestellte mir noch einige Biere bei Lisa und wir verließen dann den Laden. Auf der Straße stehend fragte ich ihn, ob er diese Straße kennen würde, aber er kannte sie nicht.
„Wie heißt denn Deine Lehrerin?", fragte ich und er antwortete: „Mrs. Nilsson."

Wir gingen die Straße hinauf, bis wir bei Billy´s Spirituosen-laden ankamen und ich mir dort noch eine Flasche Scotch kaufte. Auf dem Weg zurück trafen wir Sunny und er pumpte mich mal wieder um ein paar Doller an. Ich drückte ihm immer mal ein paar Scheine in die Hand und so auch dieses Mal. Es kümmerte ihn wohl nicht sehr, dass neben mir ein kleiner Junge stand und sich an meinem Arm klammerte.
Dann spazierten wir weiter, bis wir wieder zu Hause waren. Vorm Haus setzten wir uns auf die Stufen und sahen zu was sich so alles bewegte. Die Abenddämmerung brach herein und ich wusste mir nicht anders zu helfen, als aus dieser Flasche Whisky zu trinken.

Etwas schreckhaft wachte ich am anderen Morgen, sitzend im Sessel auf. Der Junge saß mir gegenüber, sah mich an und grinste.
„Onkel Pete, hast Du gut geschlafen?", fragte er. „Ja", antwortete ich ihm mit rauer Stimme.

Es begann nun dasselbe Ritual wie am Vortag. Ich raffte mich auf, schlenderte in die Küche, nahm Aspirin und Glas aus dem Schrank und goss Wasser hinzu. Bloß dieses Mal klopfte es nicht an der verdammten Tür. Es war heiß, ja so wie gestern, und ich hoffte, irgend jemand klopft an dieser Tür und holt den Jungen hier ab. Aber meine Hoffnungen blieben vergebens und so ließ ich mir was Neues einfallen. Ich nahm das Telefonbuch zur Hand und blätterte unter Nilsson nach. Hier waren wenigstens zwanzig oder dreißig Nilsson und ich dachte, wo kommen die ganzen Skandinavierinnen her. Während ich mich über die vierte Nilssons Familie hermachte und die Rufnummer wählte, schellte es an der Tür.

Ich sprang auf und rannte los, stolperte dabei über Marios Schuhe, die mitten im Weg lagen und schon lag ich daneben. Schnell stand ich aber wieder wie eine Eins und öffnete die Tür.

Der Postmann stand vor mir und vor ihm lag ein großes Paket. „Mr. Pete Thomson?", fragte er.

„Ja", sagte ich, „ein Paket für Sie! Würden Sie es eben noch quittieren?"

Ich unterschrieb den Wisch, schnappte mir den Karton und knallte die Tür zu. Mario stand unmittelbar hinter mir und war mindestens genauso gespannt wie ich. Wir öffneten zusammen die Kiste und Mario schrie auf: „Es sind ja meine Sachen!"

Oben darauf lag ein Brief und darauf stand mein Name. Ich griff mir diesen Brief, ging zur Küche und schnappte mir eine Dose Bier aus dem Kühlschrank, schaltete das Radio im Wohnzimmer ein und setzte mich dort aufs Sofa.

Nach einem durstigen Schluck öffnete ich den Umschlag und faltete den Brief auseinander.

„Lieber Pete,

ich weiß nicht, ob Du Dich noch so auf Anhieb an mich erinnerst. Es ist lange her, aber wir hatten mal eine wunderschöne Zeit miteinander.
Oft dachte ich daran zurück, wie wir am Strand spazierten und

Du noch voller Träume warst, voller Energie und Begierde auf das Leben, dass vor uns stand.

Lieber Pete, ich habe Dir meinen Sohn Mario geschickt und ihn in Deiner Obhut gegeben.
Leider ist mein Mann Paul vor vier Jahren an einer schlimmen Krankheit verstorben und meinen Vater traf es letzten Winter. Meine Mutter lebt jetzt in einem Sanatorium für Alte und demenzerkrankte Menschen an der Westküste und ich wusste mir nicht anders zu helfen, als den Jungen Dir zu geben.
Pete, bitte helfe mir! Ich weiß, es tat sehr weh, als ich damals so mir nichts dir nichts verschwand und Dich einfach sitzen ließ, aber zu der Zeit hatte ich Angst, Angst vor uns Beiden und Angst vor mir selber. Ich war wohl damals noch nicht so weit. Wenn Du den Jungen auf keinen Fall bei Dir aufnehmen kannst oder möchtest, dann wende Dich bitte an die Adresse, die ich Dir weiter unten aufgeschrieben habe und bringe Mario dort hin.
Bitte sei dem Jungen doch einige Wochen ein Freund und Onkel. Er ist ein sehr sehr lieber Junge und er wird es Dir bestimmt nicht allzu schwer machen, dem bin ich mir sicher. Als Paul starb, griff ich, in meiner Verzweiflung zur Flasche und heute weiß ich kaum noch wozu ich lebe, außer für den Jungen. Ich habe mich endlich dazu entschlossen mich gegen meinen Alkoholismus zu wehren und werde eine mehrwöchige Kur machen. Danach hoffe ich wieder frei atmen zu können. Mario würde ansonsten für diese Zeit ins Heim kommen, dass wollte ich unbedingt verhindern.

Ich vermisse ihn jetzt schon so sehr, aber in Deinen Händen weiß ich ihn sicher. Ich werde mich noch einige male melden und Euch mitteilen wie es mir geht.
Ich umarme Dich Pete.

Deine Dich nie vergessende Mary.

P.S. Noch einen dicken Kuss für meinen kleinen Liebling und sei artig."

Ich hob den Kopf, blickte hoch zur Decke und atmete tief durch. Dann griff ich zur Dose und schlürfte den Rest weg.

„Deine Mami hat mir ja nicht viel zur Auswahl gelassen, also werden wir wohl einige Wochen miteinander auskommen müssen, okay?", fragte ich ihn. „Ja, Onkel Pete", erwiderte er und während er seine Sachen in den Schrank räumte, brachte ich die Wohnung ein wenig auf Vordermann. Anschließend gingen wir zum Pizza-Toni und ließen es uns schmecken. Zu guter Letzt beschafften wir uns in Ronnys Supermarkt noch einen Haufen Lebensmittel für die nächsten Tage.

Ich hatte mit Kindern nie viel am Hut gehabt und stand dem ziemlich unerfahren gegenüber. Eine Erfahrung, die ich gar nicht machen wollte, aber mir wohl nicht erspart blieb. Zudem war Mary ein gutes Stück Erinnerung in meinem Kopf und irgendwie hatte ich das Gefühl ihr es schuldig zu sein.

Nachdem wir beide den Vormittag damit verbrachten die Bude auf dem Kopf zu stellen und eine Menge Lebensmittel zu kaufen, wollte Mario unbedingt mal runter zur Küste und ins blaue Meer hineinhüpfen. Er nervte mich schon den halben Tag damit und ich dachte, das fängt ja schon gut an mit uns Beiden, aber ich musste mir eingestehen, so ein abkühlendes Bad könnte ich auch sehr gut vertragen. So fuhren wir also mit meiner alten aber dennoch zuverlässigen Rostlaube runter, die etwa sechzig Meilen nach San Francisco zur Küste und sprangen ganz unverdrossen hinein, hinein ins kühle Nass.

Das Wasser war optimal, einfach goldrichtig, genau so um die Körpertemperatur ein paar Grad zu senken. Eine Wahnsinnshitze, die Sonne knallte unbarmherzig und die Menschen brutzelten. Der Strand war voll von ihnen. Voller Kinder und Sonnenschirme, voll mit Liegestühlen, voll mit Abfall und voll mit knackigen, heißen, geilen Girls. Man musste schon stark acht geben, damit einem nicht die Fantasie durchging. So viele heiße Bräute hatte ich lange nicht vor meiner Sonnenbrille und das verdankte ich dem kleinen Mario. Während ich so vor mich hin träumte, hörte ich Mario mich rufen. Ich drehte mich um und sah wie er, Händchen haltend, mit einer Frau auf mich zu kam.

„Ist das Ihr Junge?", fragte mich die junge und wie ich dann auch bemerkte sehr hübsche Frau.
„Ja er gehört zu mir, ist was passiert, hat er was angestellt?", fragte ich sie nun, diese hübsche, diese Schönheit, sie sah geradezu überwältigend aus.
„Er schwamm sehr weit raus! Wissen Sie denn nicht, dass das hier sehr gefährlich sein kann? Die Strömungen sind manchmal so stark das selbst Erwachsene kaum eine Chance haben wieder heraus zu kommen", sagte sie.
„Onkel Pete, sieh mal die Jacht da draußen! Ist die nicht schön?", und Mario zeigte mit seinem Finger dorthin. „Er schwamm eine Meile draußen genau auf unser Boot zu", sagte diese Schönheit. Ich blickte aufs Meer und fragte, „Ihr Boot? Sie meinen die Jacht dort hinten?"
„Ja Onkel Pete. Ist sie nicht schön?", fragte er erneut.
„Also wie kann ich mich bei Ihnen bedanken? Darf ich Sie vielleicht zu einem Drink einladen?", fragte ich mutig und hoffte, sie würde zustimmen.
„Wenn Sie erlauben, würde ich lieber Mario die Jacht zeigen, und wenn Sie nichts dagegen haben können wir gerne

zusammen dort etwas trinken!", sagte sie. „Ich weiß nicht",
antwortete ich und Mario bettelte sofort darauf los: „Oh bitte,
bitte Onkel Pete, bitte, bitte."
Mir blieb doch glatt die Spucke weg. „Ich möchte nicht
aufdringlich erscheinen", erwiderte ich ihr.
„So'n Quatsch", unterbrach Sie mich, „jetzt kommen Sie
schon. Machen Sie dem Jungen und mir die Freude."

Ich schnappte mir die Handtücher und wir fuhren dann gemein-
sam, mit dem Beiboot rüber zur Jacht.
„Ist das Ihr Boot?", fragte ich, worauf sie mir antwortete:
„Nein, nicht direkt. Es gehört eigentlich meinem Vater aber er
benutzt es kaum. Ich bin Jacqueline Moree, aber nennen Sie
mich Jackie, okay Pete?", sagte sie. „Ja sicher doch", erwiderte
ich ihr.
Wir gaben uns die Hand und ich bedankte mich noch mal für
die Rettung von Mario und die tolle Einladung. Während
Jackie Mario alles zeigte, machte ich es mir mit einem Scotch
mit Eis an Deck gemütlichen.

Es gehört eigentlich ihrem Alten, aber er benutzt es kaum,
dachte ich so vor mir hin und sah dabei über die Reling in
Richtung Strand. Es wurde immer später und wir müssten
schon längst auf dem Highway nach Hause sein. Ich trank
gerade mein Glas leer, als ich plötzlich bemerkte, dass ein
Haufen Luftblasen an der Bootsaußenseite aufstiegen, und ich
wunderte mich darüber, und als ich mich gerade über die
Reling beugte um diese Luftblasen zu beobachten, hörte ich
Mario sagen: „Onkel Pete", ich drehte mich um, „so eine tolle
Jacht möchte ich später auch mal haben!"
Ich grinste und meinte zu ihm: „Da wirst Du aber noch so
einiges für arbeiten müssen und viele Dollars verdienen mein
Junge."

Jackie war wirklich eine bemerkenswerte Frau. Sie stand da, so in ihrem Bikini und strahlte mich an. Am liebsten würde ich mit ihr, wenn der Junge nicht wäre, runter unters Deck und in die Luxuskoje hüpfen. Wenn doch bloß der Junge nicht wäre, dachte ich noch so und sagte aber dann:

„Na ja, ich glaube wir müssen aufbrechen und nach Hause fahren! Es wird schon recht duster und bis nach Sacramento sind es auch noch einige Meilen.

Jackie, herzlichen Dank. Ich meine für den Jungen und für die Einladung hier an Bord und überhaupt", bedankte ich mich bei ihr. „Ist doch nicht die Rede Wert. Habe ich gerne gemacht für den Jungen und auch so, ehrlich", fügte sie noch hinzu. Wir kletterten wieder ins Beiboot und Jackie fuhr uns rüber zum Strand.

Während wir übersetzten unterhielten wir uns über die gefährlichen Strömungen in diesem Gebiet und ich fragte sie nach ihrer Telefonnummer um mich vielleicht mal mit einem Drink zu revanchieren. Am Strand stiegen wir alle aus dem Boot und Jackie schrieb mir ihr Rufnummer auf einen kleinen Zettel, den ich aus meiner Hose kramte, und als sie ihn mir gerade gab, gab es einen fürchterlichen Knall und eine riesige Explosion. Ich nahm beide in die Arme und reflexartig duckten wir uns, sahen dann raus aufs Meer und die Jacht ihres Alten flog uns in Millionen von kleinen Teilchen um die Ohren. Es brannte nicht einmal, es war einfach nichts da zum Brennen. Alles nur kleine Trümmerstücke, die vom Himmel regneten. Jackie begann zu schreien an: „Oh Gott, oh Gott, oh Gott, was ist nur passiert. Oh Gott, nein." Ich versuchte sie zu beruhigen, während Mario im Sand hockte und sich dabei an meiner Hose festhielt. Ich dachte an Mary und ich dachte an die Jacht und an den Augenblick der Explosion. Oh Shit, ich dachte an die letzten Tage im Suff und an den Kleinen und wieder an Mary.

Ich hielt Jackie noch im Arm und wusste nicht, was überhaupt Sache war.

Mario klammerte immer noch an meinem Hosenbein und Jackie wurde schon fast hysterisch.

„Oh Shit", sagte ich und blickte mich um. Die anderen Menschen am Strand waren ganz aufgeregt.

Einige schrien und einige liefen irgendwie wahllos umher und es dauerte nicht sehr lange, als wir die Sirene der Polizei hörten. Jackie wollte nicht mit ihnen sprechen, also liefen wir zu meinem alten Wagen und fuhren erst einmal los.

„Jackie, was ist hier eigentlich los?", fragte ich und sie antwortete daraufhin: „Bitte können wir nicht erst mal Mario nach Hause bringen, und dann reden wir alleine darüber, okay Pete?"

Ich trat ordentlich aufs Gaspedal und mit einem Zwischenstopp bei Billys Spirituosenladen waren wir in einer Stunde zu Hause. Die ganze Sache nahm Mario ziemlich mit, er war todmüde und schlief rasch ein. Ich nahm zwei Gläser, spülte sie etwas unter fließendem Wasser sauber und goss Scotch hinein.

„Ich denke wir können beide einen Schluck vertragen", sagte ich und gab ihr ein Glas.

Jackie begann zu erzählen und wir setzten uns dabei auf die Couch. „Also Pete, das ganze fing an, als mein Vater für das Amt des Gouverneurs des Staates Kalifornien kandidierte.

Er wurde von Bill Appelman aufs Kreuz gelegt. Appelman hat meinem Vater mit gestellten Fotos von meinem Dad und einer stadtbekannten Hure versucht zu erpressen, aber mein Vater will nicht klein beigeben. Daddy soll ihm Informationen über Bauvorhaben der Stadt San Francisco sowie dem Staat Kalifornien, aber auch von privaten Kaufinteressenten liefern, damit er diese Grundstücke im Vorfeld sehr günstig erwerben kann, um sie dann aber wieder teuer an den Staat verkaufen zu

können.
Dieses Insiderwissen könnte mein Dad ihm liefern, aber er will nicht."
Ich schüttelte mit dem Kopf, goss noch mal die Gläser voll und sagte: „Das vorhin war alles andere als Erpressung, das war ganz klar ein Mordanschlag, Jackie, damit müssten wir eigentlich zur Polizei." „Nein bloß nicht", sagte Jackie, „die Polizei wird ja von Appelman bestochen, und das weiß mein Dad. Eine Sonderkommission des FBI ermittelt schon wegen Bestechung, nur eben in einem anderen Fall."
„Und wie soll es jetzt weitergehen?", fragte ich Jackie noch, als ich auf die Uhr schaute, es war schon halb eins in der Nacht und Jackie machte einen müden Eindruck.
„Ich denke, für heute reicht es. Am besten legst Du Dich zu Mario ins Bett. Ich werde es mir hier auf der Couch gemütlich machen", sagte ich ihr und sie meinte noch bevor sie ins Schlafzimmer zu Mario verschwand: „Pete danke. Du bist echt lieb."

Ich holte mir noch schnell eine Decke aus dem Schlafzimmer, legte mich aufs Sofa und steckte mir noch eine Zigarette an. Trank noch den letzten Rest aus meinem Glas, rauchte meine Zigarette und dachte mir, das ist ja ein irrer Wahnsinn. Zehn Jahre passierte hier gar nichts, aber auch wirklich gar nichts und jetzt der reinste Wahnsinn. Ich konnte nicht einschlafen und holte mir noch ein Bier aus dem Kühlschrank, steckte mir erneut eine Kippe an und starrte im Dunkeln an die Decke.
Da liegt der Junge, den ich gestern Morgen noch nicht kannte, mit einer bildhübschen Frau, die ich gestern Morgen auch noch nicht kannte zusammen in meinem Bett, und ich liege hier. Irgendwie verkehrte Welt.
Am nächsten Morgen öffnete ich meine Augen und war erstaunt. Mario und Jackie standen um mich herum und starrten

mich an und ich fragte: „Was ist los? Warum starrt ihr denn so?"

„Onkel Pete, Du hast da einen Zigarettenstumpen an der Backe kleben", sagte Mario und lachte laut drauf los. Jackie ließ sich sofort anstecken und lachte auch laut. Ich nahm mir die Kippe aus dem Gesicht, nahm mein Tabak und drehte mir direkt eine Neue, steckte sie mir an und brummelte: „Ha ha wie lustig." Ich musste nun aber auch lachen und so lachten wir alle noch ein Weilchen.

„Jackie, vielleicht habe ich eine Idee, aber vorher muss ich noch jemanden sprechen", sagte ich, nahm das Telefon und wählte die Nummer von meinem alten Kumpanen Henri Borowski. Borowski war einer, der Informationen verbreiten konnte wie kein Anderer und er saß direkt beim Bürgermeister von San Francisco am Tisch.

„Hallo Borro, jetzt rate mal mit wem Du gerade sprichst?", fragte ich ihn. „Du alte Schleuder. Pete, Dich erkenne ich unter Millionen Stimmen sofort heraus. Wie geht es Dir? Man, ist das lange her mit uns. Was machst Du so?", fragte mich Henri. „Also um ehrlich zu sein, brauche ich Deine Hilfe Borro", sagte ich und er meinte: „Okay Pete, was hast Du auf dem Herzen? Wie kann ich Dir helfen? Am besten wir treffen uns, denn die Telefone heutzutage." „Ja genau. Wollte ich gerade sagen, Borro. Was hältst Du von einem Abendessen im Cliff House unten bei den Seal Rocks um sieben?", fragte ich ihn. „Gute Idee, bis heute Abend Pete.
Ich werde einen Tisch bestellen", sagte Borro und legte auf.

„Jackie, hast Du heute Abend schon was vor?", fragte ich sie. „Ich bräuchte heute Abend Deine Hilfe.
Eine Fahrerin für meine alte Rostlaube, ein Kindermädchen für Mario und eine super hübsche Begleitung zum Abendessen ins

Cliff House", fuhr ich fort.
Sie lächelte etwas und willigte ein.

Der Tag verging im Nu, wir unterhielten uns über allerlei
dummes und nicht dummes Zeug und nachdem ich einige Eier
in die Pfanne gehauen hatte und wir sie gemeinsam verputzt
hatten, ging Jackie mit Mario anschließend noch etwas
einkaufen, unter anderem ein Sixpack meiner Lieblingsmarke.
Natürlich fragte sie mich nach dem Einkauf über Mario aus
und ich erzählte es ihr so, wie es war. Zwischendurch rief sie
auch ihren Vater an und teilte ihm mit, dass er sich keine
Sorgen machen bräuchte.

Am Abend machten wir uns auf dem Weg zur Küste von San
Francisco. Jackie fuhr den Wagen, denn ich hatte den
mitgebrachten Sixpack vernascht bzw. hielt davon die letzte
Büchse in der Hand.
Nach etwa einer Stunde Fahrt kamen wir an und wurden zum
zuvor bestellten Tisch geleitet.

Cliff House war echt ein erstklassiges Restaurant und Borro
saß schon dort am Tisch.
Wir begrüßten uns mit einer festen Umarmung und ich stellte
ihm meine Begleitung vor.
Aber ich staunte nicht schlecht, als er sagte: „Miss Jacqueline
Moree, welch eine Überraschung sie in Begleitung hier mit
Pete zu sehen." „Ihr kennt euch?", fragte ich verdutzt. Wir
setzten uns und Borro erzählte, das er Miss Moree durch ihren
Vater kennen würde. Wir unterhielten uns über alte Zeiten und
den neuen Zeiten und er brannte darauf zu erfahren, wie er mir
helfen könnte.
„Bill Appelman", sagte ich. „Bill Appelman?", wiederholte
Borro. „Ja um den geht es hier", fuhr ich fort: „Er hat die Jacht

von Jackies Dad in die Luft gejagt." Borro sah Jackie und mich staunend an und ich erzählte weiter: „Nur das Problem ist das Jackie, Mario und ich zehn Minuten vorher noch auf dem Kahn waren, und ich in aller Ruhe mein Drink genossen habe, während Jackie Mario die Jacht zeigte. Und das nehme ich jetzt echt persönlich, Borro." „Das würde ich auch, Pete", sagte Borro.

„Du weißt doch, dass Dad mir sein riesiges Grundstück Robinson Creek Canyon vererbt hat", fragte ich ihn und er antwortete darauf: „Aber ja, früher haben wir dort noch Rehe geschossen nur aber nie getroffen, Pete. Weißt Du noch?", fragte er mich und Mario fragte: „Wow, so richtig auf die Jagt mit Gewehr?" Borro antwortete ihm lachend: „Ja Mario, so richtig mit Gewehren, bloß Dein Onkel hier hat bis auf ein kleines Kaninchen nie getroffen."

„Was meinst Du, was ist das Land Wert?", fragte ich ihn. „Na ja, ich schätze, so drei Millionen Dollar dürfte es schon Wert sein. Willst Du es verkaufen?", fragte er mich.

„Stelle Dir mal vor was Robinson Creek Wert wäre, wenn die Stadt dort ein Freizeitzentrum errichten wollte?"

„Davon sollte ich doch wohl etwas wissen oder meinst Du nicht?", fragte Borro mich.

„Pass auf", sagte ich, „ich habe vor einiger Zeit durch Zufall in Dads Unterlagen geblättert und bin auf einen fünf Jahre Pachtvertrag zwischen meinem Alten und Appelman gestoßen. Appelman hatte seinerzeit von '69-'74 zwei Hektar Brachland von Dad gepachtet.

Und ich bin hinausgefahren und habe es mir angesehen, hab auch mit dem Nachbarn gesprochen, den alten John, erinnerst Du Dich an ihn? Er hat mich darauf aufmerksam gemacht. Ihm ist aufgefallen, dass Appelman hoch radioaktiv verseuchten Schutt, gut zwei Fuß hoch und das auf zwei Hektar Land verteilt hat. Was meinst Du, was das für eine Menge ist?"

Borro war fassungslos, er schüttelte den Kopf und trank sein Scotch mit Soda leer und bestellte für alle ein neues Getränk. Der Ober brachte uns dann auch die Steaks und meinte: „Das sind die besten Steaks in ganz Kalifornien." „Und das sind sie wirklich", sagte ich zu Mario und lächelte ihm zu.

Während wir alle genüsslich unsere Steaks aßen, sagte Borro: „1969 wurde die Transamerica Pyramide, der höchste Wolkenkratzer westlich des Mississippi von Appelman als Bauunternehmer errichtet, davor stand dort ein altes Building der U.S. Armee, welches er zuvor abriss. Dort war bis '69 die Uran-Strahlenforschungsabteilung untergebracht. Was genau dort erforscht wurde weiß ich auch nicht, aber ich könnte mir vorstellen, dass der Schutt daher stammt."

„Das Steak ist super lecker", meinte Mario und Jackie stimmte ihm zu. Ich nahm mein Bier und trank es aus. „Ja sehr lecker und Herr Ober, bitte noch so ein Bier", sagte ich, während er rasch an unserem Tisch vorbeilief. „Dafür wird er bezahlen. Also noch mal Borro, was wäre Robinson Creek Canyon Wert, wenn San Francisco dort ein Freizeitzentrum planen würde?", fragte ich Borro erneut. „Ich verstehe Dich nicht, Pete. Wer wird denn so ein verseuchtes Grundstück kaufen?", fragte Borro.

Mario wischte sich seinen Mund mit der Serviette sauber und fragte: „Wo ist denn die Toilette?"

Jackie stand auf, nahm Mario an die Hand und ging mit ihm zu den Waschräumen.

„Jackies Dad wird von Appelman erpresst. Appelman möchte Bebauungsvorhaben der Stadt wissen und was meinst Du, wenn er hört, das die Stadt plant, dort auf Robinson Creek ein Freizeitzentrum zu errichten? Das Umweltamt würde schnell herausfinden, wer damals den Strahlenschotter dort abgekippt und verteilt hat", sagte ich Borro und er daraufhin: „Ja jetzt verstehe ich, er soll Dir das Land abkaufen, damit es die Stadt nicht mehr kaufen kann und keiner mehr Fragen stellt." Und ich fragte ihn: „Vielleicht kannst Du mit Jackies Vater darüber reden und er lässt Appelman von einem Bauvorhaben auf Robinson Creek wissen. Was meinst Du, was würde Appelman dann dafür bezahlen?" „Bei weitem mehr als drei Millionen Dollar. Ich werde mit Mr. Moree sprechen", sagte Borro und ich schrieb ihm meine Telefonnummer auf seine Serviette.

Nach dem Essen verabschiedeten wir uns von Borro und fuhren zurück. Von zu Hause aus rief Jackie ihren Dad an, um sich von ihm abholen zu lassen. Mario machte dabei ein trauriges Gesicht und ich schloss mich ihm ebenfalls mit einem traurigen Gesicht an. „Wir werden uns schon wiedersehen", versicherte Jackie uns, und ging.

„Willst Du den Appelman anzeigen, für den Müll auf Deinem Grundstück?", fragte Mario mich und ich antwortete ihm: „Alles zu seiner Zeit, und nun ab, Zähne putzen."

Während Mario ins Bad verschwand, nahm ich mir noch ein Whisky und setzte mich aufs Sofa.

Es war schon gegen Mitternacht und nachdem Mario eingeschlafen war, nahm ich mir noch einen und nickte ebenfalls in den Schlaf.

„Onkel Pete, Telefon! Onkel Pete, wach auf", hörte ich am nächsten Morgen und spürte Mario, wie er mich schüttelt und schüttelt. „Eh, ist jetzt mal gut", murrte ich Mario an.

„Aber das Telefon", sagte Mario etwas leiser werdenden Stimme.

Ich griff nach hinten, nahm den Hörer ab und sagte: „Ja hallo!" „Pete bist Du es, hallo", hörte ich eine Frauenstimme sagen. „Ja hallo", erwiderte ich nochmals. „Hier ist Mary, hallo Pete. Ich hoffe, Du bist okay?", fragte sie. Mario stand neben mir und er ahnte, dass seine Mutter am Hörer spricht.

„Ich glaube, Deine Mutter will Dich sprechen", sagte ich zu
Mario und gab ihm den Hörer und ging aufs Klo. Als ich
wieder kam, kam mir Mario schon entgegen und sagte mir, das
seine Mami noch mit mir sprechen möchte. „Hallo Mary, uns
geht es gut und bitte beeile Dich, mit dem was Du machst",
sagte ich noch und legte den Hörer auf. Mario sah mich
verdutzt an, aber er sagte nichts.
Ich spürte, wie er am liebsten was sagen wollte, aber er riss
sich zusammen.
„Was hältst Du von einem Ausflug?", fragte ich ihn nach einer
halben Stunde des Schweigens und er war begeistert. „Du hast
aber ein tolles Leben, Onkel Pete, bei Dir ist ja immer was
los", meinte Mario und ich antwortete ihm: „Ja komisch, seit
dem Du hier bist, ist wirklich was los." „Wohin fahren wir
denn?", fragte Mario und ich sagte ihm, das ich raus zu den
Robinson Creek Canyon will.
„Nur vorher muss ich noch was besorgen", meinte ich, und
nachdem wir gefrühstückt hatten, fuhren wir zu einem Shop
namens Dad´s Electro All Shop. Dort besorgte ich mir ein
Uranmessgerät. „Geigerzähler", sagte der Verkaufsmann.
Die gab es Leihweise zu mieten. „Stunde fünf Dollar", sagte
der Electro Shop Mann und ich antwortete ihm:
„Halsabschneider", und legte zwanzig Dollar auf den Tresen.
Er erklärte mir noch die Funktion sowie die Grenzwerte, bei
den man am besten nicht mehr weiter messen sollte.
Zusätzlich fuhren wir noch an einer Petrol-Station um eine
oder zwei Flaschen Wasser, ein Sixpack und etwas Sprit für
den Wagen einzukaufen. In meinem Augenwinkel entdeckte ich
noch einen Drachenflieger, den ich ebenfalls mitnahm, zudem
Toast und ein paar Steaks zum Grillen.
So ausstaffiert fuhren wir dann raus aufs Land. Am alten Haus
auf Robinson Creek angekommen,
ließ ich für den Jungen den Drachen steigen und er hatte eine

Menge Spaß damit, öffnete mir ein Döschen und schaltete den Geigerzähler ein. Er schlug nur leicht aus. Als der Drachenflieger eine Bruchlandung hinlegte, fuhr ich mit Mario zu dem Gebiet, welches von Appelman gepachtet und verseucht wurde. Die Messwerte waren so hoch, wovor uns der Electrodad gewarnt hatte.

Zurück am Haus warf ich etwas Kohle auf den Grill und wir starteten den Drachen noch einmal.

„Das hier sind wirklich die besten Steaks von ganz Kalifornien", sagte ich zu Mario und gab ihm ein leckeres Stück Steak. Er sah mich an, blickte auf sein Steak und lachte: „Das Fleisch ist ja schwarz wie Kohle." „Das kann man doch etwas abkratzen", sagte ich ihm und er kratzte.

Am Abend, als wir wieder Zuhause waren, klingelte erneut das Telefon. Ich dachte an Mary die wieder anruft, um mich zu nerven, aber es war Jackie. „Ja hallo Jackie, wie geht es Dir?", fragte ich sie, und sie erzählte mir, dass es ihr gut gehe, und sie mit ihrem Vater gesprochen habe, und das Mr. Borowski auch mit ihrem Vater gesprochen hat. „Prima", antwortete ich und meinte weiter: „Dann ist ja alles im Gang." Mario zappelte und zupfte an meiner Hose. „Kann ich auch mal?", fragte er, und ich gab ihm den Hörer. Ich glaube, er konnte besser mit Jack reden als ich, und ich musste mir etwas eingestehen, war ich doch leicht mit Neid verblasst. Der Kleine, dachte ich mir noch so, als er mir den Hörer wieder in die Hand drückte. „Pete, ich bin wirklich beeindruckt und muss sagen, Du bist echt ein toller Kerl. Mein Vater würde Dich und Mario gerne kennenlernen. Habt Ihr Zeit? Ich würde Euch gerne so in einer Stunde abholen, was meinst Du?" „Nun ja, eine Stunde würde passen", antwortete ich ihr und verabschiedete mich mit: „Na dann bis gleich Jackie."

Diese eine Stunde brauchten wir auch um uns etwas aufzufrischen und uns saubere Sachen anzuziehen.

Die Stunde verging so schnell, dass ich nicht einmal mehr ein Bierchen trinken konnte, denn als ich aus dem Fenster sah, sah ich Jackie aus einem Taxi steigen.

Ich schnappte mir Mario und wir gingen ihr entgegen, sodass wir uns im Treppenhaus begegneten.

Unten stiegen wir in das Taxi und ich staunte nicht schlecht, als ich am Steuer Sunny sah.

„Hey Du altes Haus, Sunny, was machst Du hier im Taxi?", fragte ich ihn, und er erzählte mir, dass er jetzt einen Job als Fahrer bekommen hatte und mich nicht mehr anpumpen müsste.

Jackie sagte: „Fahren Sie bitte wieder zurück, Sunny", und er antwortete: „Jawohl Madame", und fuhr los.

Es freute mich sehr das Sunny endlich einen Job hatte und bemerkte seine Art, so mit seinen Kunden zu sprechen, beeindruckte mich. Wir fuhren aus der Stadt und ich fragte Jackie leicht verdutzt: „Wo geht die Reise hin?" Jackie sah mich an und fragte Mario: „Bist Du schon mal mit einem Helikopter geflogen?" Und Mario machte große Augen, als er daraufhin aus dem Fenster den Helikopter sah. Ein paar Meilen außerhalb von West Sacramento war ein kleiner Heli-Landeplatz und Mario antwortete bzw. fragte: „Wow, wir fliegen mit dem Helikopter?" „Ja", antwortete Jackie und gab Sunny ein paar Dollar. Wir stiegen alle in den Heli und der Pilot hob die Maschine vom Boden. Wir flogen nach Santa Rosa etwa vierzig Meilen nördlich von San Francisco und landeten auf einem großen Anwesen. Mario war während des Fluges ganz weg und sein Mund schloss sich vor lauter Staunen bis zur Landung nicht mehr.

Kaum aus dem Helikopter kam Mr. Moree auf uns zu, um uns zu begrüßen.

„Sie müssen Pete sein", sagte er zu mir und schüttelte meine Hand. „Ja, Pete Thomson", antwortete ich und fügte hinzu:

„Aber nennen Sie mich ruhig Pete". „Und das ist Mario?",
fragte er und schüttelte auch seine Hand.
„War das Ihre Jacht, die explodierte?", fragte Mario Jackies
Dad und er nickte mit dem Kopf.
„Ja mein Junge, das war meine Jacht", antwortete Mr. Moree
und während wir alle zum Haus spazierten sagte Jackies Dad
zu mir: „Sie haben aber einen aufgeweckten Neffen, Pete.
Wo sind denn seine Eltern?" Ich antwortete ihm, dass es sich
dabei um eine etwas längeren Geschichte handeln würde und
verstummte, als ein riesiges schwarzes Vieh mit Karacho auf
uns zu lief.
„Keine Angst", sagte Jackie, „das ist nur Loni mein Hund ein
Riesenschnauzer", und klopfte ihm dabei auf dem Rücken.
Mario war natürlich ganz angetan von diesem Hund oder
besser Riesenvieh und streichelte ihn.
Der Schnauzer freute sich und wedelte heftig mit seinem
Schwanz. Wir gingen durchs Haus um uns hinten im Garten,
welcher einem Park ähnelte, zu setzen. Während Mario, Jackie
und das riesige Vieh im Garten tollten, bot mir Jackies Dad
etwas zu trinken an. „Ja danke, wenn Sie haben Mr. Moree
dann ein kaltes Bier", antwortete ich ihm. „Nennen Sie mich
doch bitte Pierre", sagte er und wir beide nahmen einen großen
Schluck aus unseren Flaschen.
„Wissen Sie Pete, ich muss sagen ich war sehr beeindruckt von
Ihnen als mir meine Tochter alles berichtete und wollte Sie
unbedingt kennenlernen." Ich nahm erneut einen großen Hieb
aus der Flasche, bis sie leer war und sagte: „Appelman ist ein
Arsch mit Ohren", und stellte die leere Flasche auf dem Tisch.
Mr. Moree lachte, nickte mir zustimmend mit dem Kopf und
schnippte dabei mit den Fingern nach seinem Dienstmädchen,
welche mir direkt eine neue Flasche hinstellte.
„Vielen Dank", bedankte ich mich bei dem Dienstmädchen
wobei ich ihr noch hinterher blickte und mir Gedanken machte,

dass ein Dienstmädchen mir auch ganz gut stehen würde.

„Ich habe mit Ihrem Freund Heinrich Borowski gesprochen und Ihren Plan mit ihm etwas verfeinert, na ja jedenfalls hat Bill Appelman ein weißes Gesicht bekommen als ich ihm erzählte, dass Sie Robinson Creek an die Stadt verkaufen wollen. Des Weiteren habe ich ihm erzählt, dass San Francisco Ihnen ein Höchstangebot von über neunundzwanzig Millionen Doller unterbreitet hat. Ich denke Appelman wird sich in Kürze bei Ihnen melden, um Ihnen ein höheres Angebot zu unterbreiten."

Mein Bier war erneut in mir und ich winkte Jackie und Mario zu. „Ich muss sagen Pierre, ich bin doch etwas überrascht, damit hätte ich nun nicht gerechnet", sagte ich ihm und blickte auf die leere Flasche. Er schnippte wieder mit den Fingern und prompt bekam ich wieder ein neues Bier von diesem schnuckeligem Dienstmädchen.

„Also, wenn Sie sich nicht von Appelman überrumpeln lassen, können Sie jedenfalls dreißig Millionen herausschlagen. Alles andere wäre aber ziemlich unrealistisch", sagte er und ich nickte mit dem Kopf und sagte: „Das haben Sie wirklich hervorragend eingefädelt, ganz nach meinem Geschmack. Vielen Dank Pierre", und wir hoben unsere Flaschen, lächelten uns zu und tranken beide erneut einen Schluck. „Aber eine Frage müssen Sie mir noch erlauben", sagte ich, „warum ermittelt das FBI gegen Appelman?" „Das ist Top Secret, sorry Pete", antwortete er, „nur soviel, Bestechung, Erpressung und wer weiß was dieser Appelman noch so alles auf dem Kerbholz hat."

Er wollte es mir nicht sagen und ich ließ es damit auf sich beruhen.

„Sagen Sie mal Pete, Jacqueline und Sie. Ich meine", stotterte er, als ich ihn unterbrach und sagte:

„Sie brauchen sich keine Sorgen machen, Pierre. Ihre Tochter ist eine wunderbare Persönlichkeit, total lieb und super hübsch dazu, aber ich denke nicht, dass was Sie gerade befürchten."

Ich nahm wieder meine Flasche, sah sie mir an und sagte: „Ich bin schon in festen Händen, Pierre."

Er atmete tief durch, nahm auch seine Flasche in die Hand und prostete mir erleichtert zu.

Jackie, Mario und der Riese von Hund setzten sich zu uns, und alle drei hatten großen Durst.

„Hab ihr über alle Angelegenheiten gesprochen?", fragte Jackie und ihr Dad sagte: „Ja mein Engel, wir haben über alles gesprochen." Jackies Dad stand auf und sagte: „Leider muss ich mich verabschieden, denn ich muss heute noch zu einem wichtigen Termin." Ich stand auf und schüttelte seine Hand und bedankte mich nochmals. Er verabschiedete sich von Mario und seiner Tochter, klopfte mir noch auf die Schulter, wünschte mir noch viel Erfolg und verschwand im Haus.

Ich blickte hoch zur Sonne, die langsam hinterm Horizont versank und fragte Jackie: „Ich gehe mal davon aus, dass uns der Heli wieder nach Hause fliegen wird?" Jackie lächelte und wir gingen gemeinsam zum Helikopter.

„Ich denke für heute haben wir genug Ausflüge gemacht", sagte ich zu Mario. Wir verabschiedeten uns von Jackie und ihrem Riesenhund und der Pilot flog uns, nach einer Ehrenrunde übers Anwesen, um Jackie zuzuwinken, nach Hause.

Mario schwärmte von dem heutigen Tag und in dieser Euphorie viel es ihm nicht leicht einzuschlafen, so das es noch ein Stündchen dauerte bis er tief und fest schlief.

Ich lag auf meiner Couch und konnte auch nicht einschlafen. Zehn oder fünfzehn Millionen Dollar hätte ich mir ja noch vorstellen können aber dreißig Millionen ist doch noch ein Schüppchen obendrauf und das hielt mich wach.

Holte mir noch ein Bier aus der Küche, drehte mir eine neue Zigarette und grübelte weiter. Sollte Appelman wirklich so dumm sein und mir Robinson Creek für dreißig riesige Riesen abkaufen? Ich fing an zu zweifeln. Überlegte hin und her und musste an meinem Alten denken, und an Mary, und an Jackie sowie ihrem Alten. Nach und nach trank ich mein Bier leer und schlief dann doch irgendwann ein.

Am nächsten Morgen, nach dem wir ein paar Brateier verputz hatten, klingelte wieder das Telefon.

Es war Mary und ich gab dem Jungen sofort den Hörer in die Hand. Ich hörte wie Mario von dem Heli-Flug erzählte und wie toll es war. Hörte ihn reden, wie die Jacht explodierte und nun schnappte ich mir den Hörer wieder und sagte Mary: „Du das geht alles soweit sein Gang und Du brauchst Dir keine Sorgen machen", und legte wieder auf. „Mario, Du kannst hier nicht alles am Telefon erzählen. Das ist momentan etwas ungünstig", sagte ich etwas forsch und prompt klopfte es an der Tür.

„Mr. Thomson?", fragte mich ein Riese mit einer echt üblen Visage an der Türschwelle.

„Ja", antwortete ich ihm. „Mr. Appelman möchte Sie sprechen. Er erwartet Sie heute Mittag um zwei Uhr in Emmas Taco House auf der 84. Straße", sagte er mit rauer Stimme. Ich nickte ihm zu und schloss die Tür. Nun wurde ich doch etwas nervös und durstig, ging zum Kühlschrank, nahm mir ein Bier und trank es mit einem kräftigen Zug leer. Mario saß auf dem Sofa und schmollte vor sich hin. Ich setzte mich neben ihm, stupste mit meinem Ellenbogen an seiner Schulter und sagte: „Hey mein Freund, sei nicht traurig. Wenn Du solche Dinge Deiner Mom erzählst, wird sie sich Sorgen machen und noch mehr Mühe haben um wieder gesund zu werden und ich denke, das willst Du doch bestimmt nicht, oder?" „Nein, ganz bestimmt nicht Onkel Pete", antwortete er mir.

Ich blickte auf die Uhr an der Wand, es war elf Uhr durch,

schaltete den Fernseher an und meinte:
„Mario, ich bin gleich zurück, gehe nur kurz rüber in den
Supermarkt." „Aber da kann ich doch mitkommen", sagte er
und ich schnappte mir den vollen Müllbeutel, den Jungen und
wir gingen nach unten. Unten warf ich den Müll in die Tonne
und wir liefen rüber in den Supermarkt um noch zwei oder drei
Sixpacks zu kaufen. An der Eistruhe suchte sich Mario noch
ein dickes Eis aus und wir gingen wieder zurück.
Heute war wieder eine Bullenhitze und Marios Eis schmolz
zwischen seinen Finger noch ehe er es wegschlecken konnte.
Meine Gedanken waren bei Appelman und seinem Bodyguard
und dessen üble Visage und mir war nicht wohl bei dem
Gedanken den Jungen mitzunehmen.
Vorm Haus setzten wir uns auf die Stufen, damit Mario sein
tropfendes Eis aufschlecken konnte und ich erblickte dabei
Lisas Kneipe. Das ist eine gute Idee, dachte ich mir. „Warte
mal eben", sagte ich zu Mario und lief schnell nach oben um
die Sixpacks in den Kühlschrank zu stellen.
Anschließend gingen wir beide rüber in Lisas Kneipe. „Da seit
ihr ja wieder", begrüßte uns Lisa und wir setzten uns an den
Tresen. „Lisa, ich brauche mal Deine Hilfe. Kann ich Dir den
Jungen für etwa eine Stunde hier am Pinball lassen, ich muss
dringend wohin?", fragte ich sie und sie war nicht gerade
begeistert. „Aber dann bist Du mir was schuldig", erwiderte
sie. Ich bestellte eine Limo und ein Bier und warf einen halben
Dollar in den Pinball-Kasten.
Mario flipperte auch sofort darauf los und versenkte eine Kugel
nach der anderen. Ich blickte auf die Wanduhr und es wurde
Zeit mich auf dem Weg zu machen. Ich gab Mario noch zehn
Dollar für den Pinball-Automaten, versicherte ihm in einer
Stunde zurück zu sein und verschwand.
Vorm Haus setzte ich mich ins Auto und fuhr los. Nach einigen
Minuten stand ich auf dem Parkplatz vor Emmas Taco House.

Ein Blick auf die Uhr und es war Schlag zwei. Ich drehte mir eine Zigarette, steckte sie an und wartete noch zirka zehn Minuten. Er wird schon warten, dachte ich mir und stieg aus dem Wagen. Kaum in Emmas Taco House sah ich auch schon die Visage von vorher an einem Tisch sitzen und neben ihm saß Appelman. Der Visagenmann winkte mir zu und ich ging zu ihnen. „Mr. Pete Thomson", sagte Appelman, stand dabei auf und reichte mir zur Begrüßung seine Hand. „Mr. Bill Appelman", erwiderte ich, schlug seinen Handschlag ein und wir setzten uns. Ich drückte meine Kippe in den Aschenbecher auf dem Tisch und drehte mir eine Neue.

„Ich habe Ihren Vater gut gekannt", sagte Appelman. Ich blickte hoch und erwiderte: „Ich weiß, Mr. Appelman ich weiß, aber mein Vater ist leider nicht mehr unter den Lebenden." Eine hübsche Bedienung fragte mich, ob ich was bestellen möchte. Appelman und der Visagenmann tranken Kaffee und ich bestellte mir ein Bier und sah der Hübschen nach.
„Mr. Appelman, wozu haben Sie mich hierher bestellt?", fragte ich wohl wissend, „wozu?"
„Ja also Mr. Thomson, ich würde Ihnen gerne Ihr Grundstück Robinson Creek abkaufen", sagte er und ich erwiderte ihm: „Wie kommen Sie darauf, das es zu verkaufen ist?"
„Ich weiß das San Francisco Ihnen ein Angebot in Höhe von neunundzwanzig Millionen Dollar für das Grundstück geboten hat. Ich wäre bereit Ihnen dreißig zu bezahlen nur dann müssten Sie sich jetzt entscheiden", sagte er und die Kellnerin stellte mir eine Flasche Bier hin. „Danke", meinte ich zu ihr, sah ihr erneut hinterher, und nahm noch einen großen Schluck aus der Flasche und sagte dann: „Mr. Appelman, die Verhandlungen mit San Francisco sind noch gar nicht ab-geschlossen, aber ich könnte mir vorstellen Ihnen Robinson Creek zu verkaufen, allerdings für fünfunddreißig Millionen

und Sie müssten sich auch jetzt entscheiden." Bill Appelman fing an zu lachen und der mit der üblen Visage ebenfalls. Ich nahm erneut einen Schluck und drückte meine Kippe in den Aschenbecher. Dann drehte ich mir wieder eine Zigarette und Appelman sagte: „Mr. Thomson, das ganze Grundstück ist doch nicht mehr als vier Millionen Dollar wert. Warum sollte ich Ihnen fünfunddreißig dafür bezahlen?" „Ganz einfach", sagte ich und fuhr fort: „Sie wissen genauso gut wie ich, dass in dem Pachtvertrag Anfang der siebziger Jahre zwischen Ihnen und meinem Vater ein Passus stand, der besagte, dass jegliches Abkippen von umweltgiftigen Stoffen auf dem Pachtgrundstück, weder kurzfristig noch langfristig, verboten ist und radioaktiver Bauschutt ist definitiv umweltgiftig." Appelman schlürfte an seiner Tasse und grinste nur noch leicht. Ich steckte mir die Zigarette an und sagte: „Morgen wollen zwei von der Stadt nach Robinson Creek rauskommen, um einige Messungen vorzunehmen und Bodenproben entnehmen, wenn Sie zustimmen, Mr. Appelman, werde ich den Termin absagen." „Wenn die feststellen, was sich dort auf dem Grundstück befindet, werden Sie keinen Cent von San Francisco bekommen", sagte er, und ich erwiderte darauf: „Dann werden wir beide aber ein Problem der Entsorgung haben, und das wird mehr als fünfunddreißig Millionen kosten. In dem Fall ist mein Anwalt beauftragt tätig zu werden, aber ich brauche ihn auch nur anrufen und er lässt Ihnen bis heute Abend den Kaufvertrag zukommen", fügte ich hinzu und nahm einen letzten Schluck aus der Flasche. Appelman überlegte und blickte seinen Visagenmann an und meinte: „Sie sind ganz schön abgebrüht, aber das imponiert mir. Einverstanden, lassen Sie den Kaufvertrag fertigen und ich erwarte ihn heute Abend." Er reichte mir erneut seine Hand und ich schlug ein, stand auf und ging.
Draußen lief ich zu meinem Wagen, setzte mich rein und war

etwas erleichtert. Atmete tief durch und fuhr mit einem breiten Grinsen im Gesicht los. Das Gespräch dauerte ganze fünfzehn Minuten und ich trat ordentlich aufs Gaspedal um durch halb Sacramento zu brettern und meinen Anwalt aufzusuchen. Und ich hatte Glück, er war da und hatte Zeit für mich.

Anschließend fuhr ich wieder nach Hause und kam zurück in Lisas Bar. Mario stand noch am Pinball-Automaten und hinter ihm ein halbstarker Schwarzer. „Oh man Junge, Du bist zu doof dafür. Lass mich mal", sagte er und schubste Mario zur Seite um die nächste Kugel zu spielen. Ich blickte zu Lisa hinter die Bar und sie zuckte nur mit ihren Schultern wobei sich ihre großen Brüste hoben und senkten.

„Hey Du Arsch, Du bist wohl krank im Kopf", sagte ich zu ihm und schubste ihn nun seinerseits vom Pinball-Automaten. „Hey man, was ist los Bruder? Du weißt wohl nicht, mit wem Du Dich hier anlegst?", fragte er, und kaum ausgesprochen packte ich ihm am Kragen und beförderte ihn vor die Tür. „Lass Dich bloß nicht mehr hier blicken, sonst vergesse ich mich, Du Würstchen", schrie ich ihn an. „Das wirst Du büßen", meinte er, „ich bin von der Gang Hellriders, Du wirst schon sehen", drohte er, während er verschwand. Ich ging wieder hinein und Lisa hatte mir schon ein Bier parat gestellt. „Das war aber ein doofer Spinner", sagte Mario und ich fragte Lisa nach dem Typen, aber sie meinte nur lapidar: „Sie kommen und sie gehen wieder." Ich trank mein Bier aus, legte Lisa ein paar Dollar hin und verließ mit Mario die Kneipe. Kaum strahlte uns das Sonnenlicht wieder in die Augen, wurde das Licht auch schon von einem Cop, der direkt vor uns stand, verdeckt. „Was macht der Junge hier in der Bar?", fragte er und ich antwortete ihm: „Pinkeln." Er drehte sich zur Seite und wir gingen wieder rüber nach Hause. Gerade oben angekommen klingelte auch schon das Telefon. Mein Anwalt der noch einige genaue Bezeichnungen des Grundstücks für den Kaufvertrag brauchte.

Mario nahm sich eine Limo und ich mir ein Bier aus dem Kühlschrank. „Ich denke, wir sollten gleich mal was essen", sagte ich ihm und er meinte: „Oh ja, ein dickes Steak wäre jetzt klasse".

Ich nickte und nahm einen Schluck aus der Dose. Ein gutes Steak wäre wirklich nicht schlecht und so machten wir uns auch schon wieder auf dem Weg. Nicht weit von uns entfernt, eigentlich nur kurz um die Ecke, gab es ein super Restaurant mit super leckeren Steaks und kaum bestellt, lagen vor uns zwei braun gebratene dicke Steaks, wobei sich der Saft des Fleisches in der Tellermitte ansammelte sowie uns die Spucke in unseren Mündern fließen ließ und zum Schlucken anregte.

Wir beide machten uns über die Steaks her, wie eine Gottesanbeterin sich über ihr Opfer hermacht und verspeist. Auf dem Heimweg meinte Mario, dass die Steaks in San Francisco doch noch besser waren, und ich stimmte ihm nickend und lächelnd zu als drei Schwarze auf uns zu kamen. „Hey Whiteman", sagte der eine zu mir und meinte weiter: „Du bist doch der Typ, der meinen Bruder vorhin ein 'Würstchen' genannte hat oder?" Ich nickte und nahm den Jungen hinter mich.

„Er hat meinen Jungen vom Pinball geschubst, also selber schuld", sagte ich. Er fing an zu lachen und seine beiden Kumpels mit. „Du hast Nerven", sagte er lachend, und ich zögerte nicht, trat mit voller Wucht gegen sein Schienbein und völlig überrascht blickte er nach unten, und ich schlug daraufhin mit allem, was noch so in mir schlummerte gegen seine schwarze platte Nase, sodass er nach hinten umfiel. Den anderen packte ich an die Kehle und schlug seinen Kopf ziemlich heftig gegen die Hausmauer um ihn daraufhin gegen seinen Kumpel zu schleudern. Danach schnappte ich mir Mario, rannte los und nutzte den Überraschungsvorteil.

Wir schafften es gerade noch bis zur Haustür und konnten uns mit einem beherzten Sprung in den Hausflur retten und hinter uns die Tür zuschlagen. Aus dem Hausflur heraus sahen wir die drei toben und wir gingen lächelnd nach oben.

„Onkel Pete, Du hast alle drei umgehauen", schwärmte Mario, und ich nahm mir ein Bier aus dem Kühlschrank. Ich sah mir den Jungen an und irgendwie sah ich mich dabei. Ich schüttelte den Kopf und trank diese Dose leer, holte mir eine Neue und kramte danach in der Kiste mit den alten Fotos, fand auch ein Bild aus meiner Kindheit und war sehr verblüfft. Der Junge sah aus wie ich früher!

Mario saß vorm TV und sah sich ein Trickfilm an und ich schluckte, war Mario mein Sohn?

Mit Mary war es sicher zehn Jahre her und ich grübelte weiter, zehn Jahre? Irgendwie ein scheiß Gedanke und ich schüttelte erneut mit dem Kopf, las mir noch einmal den Brief von Mary durch, aber bekam keine Antwort auf meine Frage. Mary war damals, kurz bevor sie verschwand, schon sehr merkwürdig, nur hatte ich mir nichts dabei gedacht. War sie wirklich schwanger?

Ich setzte mich neben Mario auf die Couch, trank mein Bier und war völlig verwirrt. Wenn es denn wirklich so ist, warum hat sie es mir nie gesagt?

Es klingelte, ich öffnete die Tür und Jackie kam die Treppen hoch. „Hallo Jackie", begrüßte ich sie und sie sagte: „Vorm Haus stehen drei Typen, die sagten, wenn ich zu einem Kerl mit einem Jungen will, sollte ich ausrichten, ihr seit tot. Was bedeutet das? Meinen die Euch?" „Ich fürchte ja", antwortete ich ihr während sie hereinkam und mich auf die Wange küsste. Sie setzte sich zu Mario, drückte ihn einmal feste und Mario erzählte ihr die Story. „Also, so was lass ich mir nicht gefallen", sagte sie, nahm das Telefon und rief ihren Dad an, um ihm die Geschichte zu erzählen.

Es dauerte keine zehn Minuten, als wir aus dem Fenster blickten und zusahen wie fünf oder sechs Patrol Cars vorfuhren und ein Haufen Cops ausstiegen, um den drei Schwarzen Handschellen anzulegen. „Wow", staunte Mario und meinte dann weiter:

„Aber ich denke, Onkel Pete hätte denen schon die Ohren lang gezogen. Du hättest mal sehen sollen wie er dem Einen auf die Nase gehauen hat." Mario stand auf und stellte die Szene nach. „So hat er den einen gegen sein Schienbein getreten und dann den Schlag auf die Nase und dann so den anderen an die Kehle gepackt und an die Hauswand gedonnert. So zack und schubs und zack", dabei drehte er sich hin und her und machte einen Haufen Luftschläge mit seinen Armen und Beinen. Jackie und Mario lachten sich schlapp und ich konnte mich dann auch nicht mehr halten vor Lachen.

„Ich hole uns mal zwei Bier und eine Limo", sagte Jackie und ging in die Küche, während wieder das Telefon klingelte. „Ja hallo", meldete ich mich. „Hallo Mr. Thomson, hier ist Ben Miller."

„Hey Anwalt", sagte ich, und er antwortete: „Ich habe soeben den Kaufvertrag unterschrieben zurückerhalten. Ich dachte mir, diese Nachricht wird Sie erfreuen." „Oh ja sehr", äußerte ich mich. Jackie stand vorm Kühlschrank und entdeckte das Foto von mir und meinem Dad vor unserem Haus auf Robinson Creek und Mr. Miller sagte: „Und ich habe gerade mit Mr. Appelman telefoniert, er sagte, dass er das Geld bis morgen per Blitzüberweisung transferieren werde. Ich bräuchte nur noch Ihre Bankverbindung, um Ihnen dann das Geld weiterzuleiten." Ich gab ihm meine Bankdaten und verabschiedete mich von ihm als Jackie mit dem Foto und den Getränken in den Händen zurückkam. „Ist das Dein Opa?", fragte Jackie Mario und er sah sich das Foto an. Ich nahm mir die Dose Bier und einen großen Schluck daraus.

„Nein, den kenne ich gar nicht", meinte Mario, und ich schnappte mir das Bild und meinte: „Das bin ich mit meinem Vater", und steckte es rasch in die Hosentasche. „Also ich hätte schwören können, das sei Mario auf dem Bild", sagte Jackie, während sie ihre Dose öffnete und einen Schluck daraus nahm. „Sag mal Mario, magst Du eigentlich auch Football?", fragte ich ihn um vom Thema abzulenken, und er antwortete: „Oh ja, Onkel Pete." „Hast Du Anfang des Jahres im Januar Super Bowl gesehen? San Francisco 49ers gegen Cincinnati Bengals?", fragte ich ihn. „Ja und die 49ers haben gewonnen", sagte er und ich fragte ihn weiter, wer der beste Spieler war, worauf er spontan antwortete: „Quarterback Joe Montana ist der beste Spieler der Welt." Mit dem Kopf nickend stand ich auf und ging zum Schrank, öffnete ihn, holte eine Tüte heraus und setzte mich wieder auf die Couch. Jackie und Mario sahen mir gespannt zu als ich aus der Tüte ein Trikot hervorzog.

„Das ist Joes Trikot mit seiner Signierung vom letzten Super Bowl. Ich schenke es Dir, Mario", sagte ich und ließ dabei das Trikot auseinander falten. Und Mario fragte: „Von Joe Montana? Wow danke Onkel Pete, danke." Er war völlig begeistert und hüpfte mit dem Trikot im Zimmer umher. „Schau mal Jackie, von Joe Montana und hier seine Unter- schrift", sagte er hüpfend, während er es Jackie von allen Seiten zeigte. Ich ging zum Kühlschrank, um mir ein weiteres Bierchen zu holen und Jackie kam mir nach. „Ist das Dein Sohn?", fragte mich Jackie, und ich antwortete ihr: „Ich weiß es nicht, Jackie." „Er sieht Dir als Kind so ähnlich, als sei er Dir aus dem Leib geschnitten", sagte sie, und ich nahm einen Schluck aus der neuen Dose. „Mary hat mir nie davon erzählt. Ich weiß es wirklich nicht", sagte ich und sah mir erneut das Foto an. „Frag sie doch einfach", meinte Jackie, ich nickte mit dem Kopf und nahm wieder einen Schluck.

Wir gingen zurück zu Mario und sahen, wie er das Trikot fein säuberlich zusammenfaltete und es wieder in die Tüte verpackte.

„Mario, wir müssen morgen noch mal nach Robinson Creek rausfahren, um einige Sachen aus dem Haus meines Dads zu holen. Alte Erinnerungsstücke und einige Papiere und so. Vielleicht kann uns ja Jackie begleiten", meinte ich und Jackie darauf: „Noch besser, ich kann euch mit meinem Cabriolet fahren. Ist bestimmt angenehmer bei der Hitze." „Das stimmt", antwortete ich.

Am nächsten Mittag fuhren wir zusammen raus nach Robinson Creek und wir hatten während der Fahrt viel Spaß zusammen. Ich erzählten von meinem Dad, wie er mit mir ein Baumhaus baute und mich zur Jagd mitnahm, als ich in Marios Alter war. Ich schwelgte noch so in meinen Erinnerungen und Gedanken als uns ein riesiger Truck entgegenkam und uns fast rammte. Jackie schaffte es gerade noch rechtzeitig auszuweichen und außer einem Schock und weichen Knien hatten wir noch mal Schwein gehabt. „Ja, Schwein gehabt", sagte ich und wir hielten an, um uns etwas zu beruhigen.
„Der war wohl irre", sagte Jackie, und ich stimmte ihr zu. „Der ist bestimmt eingenickt", antwortete ich ihr, und so fuhren wir weiter. Nun war es ja nicht mehr weit und ich trank mein Döschen leer, warf sie über Bord und drehte mir eine Kippe.
„Da hinten müssen wir links abbiegen", sagte ich, „jetzt ist es noch eine Meile, und wir sind angekommen".
Am Haus stiegen wir aus und gingen hinein. Der alte John lag röchelnd auf dem Boden und ich kniete mich zu ihm. „Hey John, was ist passiert?", fragte ich ihn, während ich seinen Kopf in die Hände nahm, um ihn zu stützen. „Gestern Abend kamen zwei schwarz gekleidete üble Gesichter und sie durchwühlten hier alles, als ich dazu kam. Sie suchten einen

alten Pachtvertrag, Peter", mühte er sich noch ab, als er in meinen Armen in sich versank und starb. „Mensch John", sagte ich noch, aber er konnte es nicht mehr hören. Seine Augen waren blau geschlagen und seine Lippen geschwollen.

Mario und Jackie standen wie versteinert, noch auf der Türschwelle stehend und sahen mich an.

„Ist er tot?", fragte Mario und ich nickte. Jackie nahm Mario in den Arm und ging mit ihm wieder nach draußen. Ich legte Johns Kopf auf den nackten Boden, schnappte mir eine alte Tasche und packte noch rasch einige persönliche Dinge ein. Darunter ein altes Foto meiner Eltern, welches ich mir für einen Moment ansah, um dann auch das Haus zu verlassen.

„Das Schwein, diese Drecksau mache ich fertig. Dafür wird er besonders büßen", fluchte ich vorm Haus und warf die Tasche wütend ins Auto. „Kommt, lasst uns verschwinden", sagte ich, und Jackie fragte: „Sollen wir den alten John da einfach so liegen lassen?" „Wir können im Moment nichts mehr für ihn tun", sagte ich etwas forsch und stieg ins Cabrio.

Ich öffnete mir eine Dose Bier und kippte sie mir fast auf ex weg. Nach etwa fünf Meilen hielten wir an einer Telefonzelle und ich ließ mich mit dem Police Department in Morgan Hill verbinden.

„Police Officer Braun", hörte ich eine Stimme sagen und ich erzählte ihm, dass im alten Haus der Thomsons bei Robinson Creek Canyon der Nachbar John Fryling tot im Haus läge und Bill Appelmans Männer aus San Francisco dafür verantwortlich wären. „Mit wem spreche ich denn?", fragte er erneut, als ich daraufhin den Hörer auflegte. Danach warf ich erneut ein paar Cent in den Apparat und ließ mich nun mit meinem Anwalt Ben Miller verbinden. „Thomson hier", meldete ich mich und er sagte: „Mr. Thomson, Sie sind ein wohlhabender Mann, das Geld ist vor einer Stunde eingegangen und ich habe soeben ein Scheck ausgestellt und veranlasst es auf ihr Konto weiter zu transferieren. Ich sende Ihnen mit Freude meine Rechnung zu." „Wunderbar, machen Sie das und vielen Dank", antwortete ich ihm und beendete das Gespräch.

Als uns Jackie nach Hause gebracht hatte und sie dann ebenfalls auch nach Hause fuhr, sind Mario und ich erst einmal zur Bank um die Ecke, denn ich wollte schwarz auf weiß sehen, was mein Stand auf dem Konto war, und ich wurde nicht enttäuscht. Tatsächlich, es war wahr. Eine fünfunddreißig mit sechs Nullen erblickten meine Augen und ich musste mich erst einmal setzen. Ein Bankmitarbeiter fragte mich, ob es mir gut ging oder ob ich vielleicht Hilfe oder ein Glas Wasser bräuchte und ich sagte ihm: „Ein Glas Wasser für den Jungen und für mich bitte ein Bier". Er lächelte und meinte: „Also Wasser könnte ich Ihnen bringen, aber mit dem Bier wird es problematisch." So allmählich realisierte ich meine Situation und bedankte mich bei dem Herrn, schnappte mir erneut den Jungen und beide stiegen wir in einem vor der Bank stehendem Taxi ein.

„Was ist denn los", fragte mich Mario und ich sagte: „Alles ist gut Mario.

Fahren Sie bitte immer der Sonne nach, auf nach San Francisco", orderte ich den Fahrer und er fuhr los. Mario lachte und wiederholte mich: „Auf nach San Francisco, Fahrer, immer der Sonne nach."

Und beide lachten wir herzergreifend darauf los, sodass selbst der Taxifahrer sich anstecken ließ und mit uns mitlachte.

„Sir, wohin soll es den genau gehen in 'The City'?", fragte der Taximann und ich antwortete ihm:

„Ins Palace Hotel, 2 New Montgomery Street." „Gute Wahl", sagte er. „Was machen wir denn da?", fragte Mario und ich antwortete ihm: „Wir werden es uns gut gehen lassen. Ich hoffe, Du hast großen Hunger." „Oh ja", meinte er.

Im Restaurant des Palace Hotel angekommen wurden wir ziemlich abfällig von Kopf bis zu den Füßen vom diesem komischen Concierge gemustert, zudem brachte er uns an einem Tisch, der sicher nicht gerade die größten Umsätze zu verzeichnen hatte, uns gefolgt von einem Oberkellner, der unsere Stühle zur Verfügung rückte. „Was darf ich Ihnen zu trinken bringen?", fragte er und ich antwortete ihm: „Also für mich gerne ein großes Bier, und wie sieht's mit Dir aus?", fragte ich den Jungen. „Also ich hätte gerne eine große Coca-Cola", sagte Mario. „Okay, ein großes Bier und ein großes Glas Coca-Cola für den Jungen, bitte", bestellte ich. Er gab uns die Speisekarten und verschwand. „Was wollen wir jetzt essen?", fragte ich ihn, und er lächelte mich an und sagte: „Das zweitbeste Steak in ganz Kalifornien." Ich lachte etwas und meinte: „Ja Klasse, das zweitbeste Steak in ganz Kalifornien, und Du darfst es bestellen." Der Oberkellner kam kurze Zeit später mit einem großen Bier und einer großen Coca-Cola wieder und stellte die Getränke auf dem Tisch.

„Haben Sie schon gewählt?", fragte er und Mario antwortete ihm: „Ja, wir beide hätten gerne das zweitbeste Steak in ganz Kalifornien", und grinste den Kellner und mich mit einem strahlenden Gesicht an. „Wie bitte, das zweitbeste Steak, in ganz Kalifornien?", fragte der Kellner und Mario wiederholte seine Bestellung. Mit etwas verwunderten Augen ging er und wir nahmen je einen riesigen Schluck aus unseren Gläsern. Ein Weilchen dauerte es, als wir unsere Steaks bekamen und gerade als ich neue Getränke bestellte, lief doch glatt diese üble Visage vom Appelman an unserem Tisch vorbei und ging zu den Toiletten. Wir stopften uns die Servierten in die T-Shirts und machten uns über unsere beiden Steaks und den French Fries her, als die Visage erneut an unserem Tisch vorbeilief.

Ich lehnte mich leicht nach hinten und sah, dass er sich einige Tische weiter wieder setzte.

„Wie ist Dein Steak?", fragte Mario mich und ich antworte: „Na ja, eben das zweitbeste Steak in Kalifornien." Er nickte und aß weiter, nahm einen Schluck Coca-Cola und schnitt sich erneut ein dickes Stück von dem Fleisch.

Ich war wie in Trance, trank mein Bier mit einem Zug leer, stellte das Glas auf dem Tisch, stand auf und sagte zu Mario: „Bin gleich zurück".

Schnurstracks ging ich zu dem Tisch des Visagengesichts und ich sah Appelman und einige seiner Leute. „Mr. Thomson", sagte Appelman als er mich erblickte. Er stand auf um mir die Hand zu reichen und ich holte aus, um ihm genau mit meiner Faust in sein fettes Grinsen zu schlagen.

Appelman fiel nach hinten auf dem Tisch, wobei einige der Essen auf dem Boden landeten.

Zwei von Appelmans Visagen sprangen auf um mich rechts und links an den Armen festzuhalten.

„Aber Thomson", sagte Appelman noch auf dem Tisch liegend und fuhr fort währen die Beiden mir feste die Arme nach hinten verdrehten, „ich habe Ihnen doch fünfunddreißig Millionen überwiesen", und ich antwortete ihm darauf: „Das war nicht für die fünfunddreißig Millionen Dollar Mr. Appelman, sondern für meinen alten Freund und Nachbarn John, der heute Morgen in meinen Armen verstarb und übelst von Ihren Männern hier rechts und links neben mir zugerichtet wurde, ja totgeschlagen haben sie ihn." Die beiden zogen mich rücklings Richtung Ausgang und Mario kam herangelaufen und packte mein Bein. „Onkel Pete, nein lasst ihn los. Onkel Pete nein", schrie er, während mich beide weiter zogen und Mario an mir zerrte und weiter laut schrie. Alle anderen Hotel- und Lokalgäste inklusive dem Servicepersonal sahen uns mit großen Augen zu und alle hörten Mario schreien, aber keiner unternahm irgendetwas und wer schlau war, tat genau das, einfach nichts. Mir war klar, dass ich jetzt nicht nur aus dem Hotel fliege, sondern wahrscheinlich in der Straßenrinne landen werde. Ich dachte nur an den Jungen, was wird aus ihm?

„Wartet", sagte Appelman und hob dabei sein Arm, „lasst ihn los, na macht schon", sagte er und sie ließen mich los. Appelman stand auf, zog sein verschmiertes Jackett aus, legte es zur Seite und sagte: „Na los, setzt euch wieder und macht den Schweinehaufen hier sauber". Er setzte sich und ließ sich ein neues Glas Wein einschenken. Die beiden Visagen setzten sich dann auch wieder rechts und links neben Appelman und bekamen beide einen Klaps auf ihre Hinterköpfe und ich hörte Appelman dabei fluchen: „Ihr Idioten."

Ich legte meinen Arm um Marios Schulter, gingen wieder zurück an unseren Tisch und sagte: „Ich glaube, Du hast mir heute meinen Arsch gerettet", und zwinkerte ihm mit einem Auge zu.

„Warum hast Du das denn gemacht?", fragte Mario mich etwas erbost. „Ich weiß nicht, ich glaube, das musste so sein und jetzt esse weiter", meinte ich und bestellte beim Ober noch ein Bier. Wir aßen beide unsere Steaks zu Ende und zwischendurch ließ ich mir beim Kellner ein Doppelzimmer reservieren, bestellte noch ein dickes Eis für Mario und natürlich noch ein großes Bier für mich, welches ich auch ruckzuck ausschlürfte, um gleich wieder ein Neues zu bestellen.

Am nächsten Morgen wurde ich durch das Klopfen an der Tür wach und noch im Halbschlaf und kaum aus den Augen sehend, stand ich auf und öffnete sie. „Room Service", sagte der Typ vor der Tür. Ich blickte zurück ins Hotelzimmer, sah mich um und erkannte, wo ich mich befand. „Ja bitte", erwiderte ich und er sagte: „Ihr Frühstück, Sir", und fuhr mit seinem Wägelchen an mir vorbei ins Zimmer. Ich starrte ihn ziemlich verdutzt an. „Hatte ich das bestellt?", fragte ich mit leicht versoffener Stimme. „Sir, nein Sie nicht aber Ihr Junge hatte vor einer Stunde an der Rezeption angerufen und das Frühstück für jetzt bestellt." Ich nickte mit dem Kopf, nahm meine Jeans vom Boden und kramte einen Dollar aus der Hosentasche, gab ihm den Dollar und bevor ich die Tür verschloss, fragte ich ihn nach der Uhrzeit. Er blickte auf seine Uhr und antwortete: „Sir, es ist Schlag zwölf Uhr am Mittag."

„Mario", rief ich, „das Frühstück ist hier". Aber ich bekam keine Antwort. „Mario", rief ich erneut und ging ins Bad und auch hier war kein Mario zu sehen. Ich nahm mir einen Kaffee vom Frühstückswägelchen, setzte mich auf die Bettkante und verbrühte mir die Zunge. Die Plörre war kochend heiß. Ich erschreckte mich, sodass der halbe Kaffee daraufhin auf dem Teppich vor mir landete.
„Scheiße", fluchte ich, nahm eine Servierte, legte sie auf dem Teppichflecken und versuchte wieder von dem heißen Gebräu zu trinken. Mit Erfolg, es klappte besser, obwohl meine Hand heftig zitterte, konnte ich etwas von diesem Kaffee aufnehmen und herunterschlucken. Ich nahm den Hörer vom Telefon und eine Stimme sagte: „Rezeption, womit kann ich Ihnen helfen?", und ich antwortete: „Mit einer Kopfschmerztablette." „Welches Zimmer, Sir?", fragte er. Ich stand auf, ging zur Zimmertür und öffnete sie, lass die Zimmernummer ab, ging zurück ans Bett zum Telefon und sagte: „Drei, zwei, drei". „In einer Minute wird Ihnen unser Page eine Schmerztablette bringen, Sir."
Ich nahm noch einen Schluck und prompt klopfte es wieder.
„Ihre Tablette, Sir." Der Page gab sie mir und ich ihm wieder einen Dollar und fragte ihn: „Haben sie den, ich meine meinen Jungen gesehen? Vielleicht unten in der Lobby?" Aber er schüttelte mit dem Kopf und antwortete: „Nein Sir, tut mir

leid." Ich nahm die Schmerztablette mit dem restlichen Kaffee aus der Tasse zu mir und verschwand unter die Dusche. So langsam kamen meine Erinnerungen und mir fiel wieder alles ein, dass mit Appelman und mit den Millionen und mit dem alten John und Jackie. „Wo ist nur der Kurze?", fluchte ich laut, während die Seife aus der Hand auf die Duschwanne knallte und von dort aus der Dusche heraus flutschte. Und gerade als ich den Duschvorhang zur Seite schob um nach der Seife zu greifen, klopfte es erneut an der Tür. „Was für eine Scheiße ist das denn?", fluchte ich wieder und schnappte mir das Handtuch, legte es mir um und rutschte auf der Seifenspur auf dem Boden aus. Es schmerzte fürchterlich, als ich neben der Seife lag und zuvor mit dem Kopf gegen den Handtuchhalter knallte. Wieder aufgerappelt öffnete ich die Tür und erwartete Mario zu sehen aber erneut dieser junge Hotelboy. „Was gibt es?", fragte ich und der Junge war zu Tode erschrocken, denn mir lief das Blut über das ganze Gesicht und tropfte von meinem Kinn auf dem Boden.
„Sie bluten, Sir", stotterte er und zeigte mit dem Finger auf mich und ich wiederholte meine Frage: „Was gibt es?"
„Eine Nachricht für Sie, Sir." Er gab mir einen Briefumschlag und fragte, ob er Hilfe holen solle. Ich schnappte mir diesen Umschlag und verschloss Kopf schüttelnd die Tür, wischte mir die Suppe vom Gesicht, setzte mich wieder auf die Bettkante, öffnete den Umschlag und las was auf dem Zettel stand.

„ Wenn Sie Ihren Jungen lebend wiedersehen wollen, dann kostet es zwanzig Millionen U.S. Dollar.
Alles weitere am Telefon in Sacramento! Sie sollten jetzt schnellstmöglich nach Hause fahren!"

Wieder tropfte Blut von meinem Gesicht und ich wischte es mir mit dem blutverschmierten Handtuch ab, zog rasch meine

Jeans und mein Shirt an und verließ das Zimmer. Unten an der Rezeption bezahlte ich das Essen vom Vorabend, das Zimmer und gab dem Portier ein fettes Trinkgeld für die Sauerei auf dem Zimmer. Erneut lief mir Blut übers Gesicht als ich das Palace Hotel hinter mir ließ. Draußen vorm Hotel atmete ich tief durch, blickte mich um, winkte ein vorbeifahrendes Taxi herbei und ließ mich nach Hause fahren.

Irgendwie ging mir der Arsch auf Grundeis und ich fragte mich, was war geschehen? Appelman würde doch jetzt nicht den Jungen entführen und die Kohle zurückerpressen, das ergibt keinen Sinn. Mir fiel ein, dass er laut im Restaurant sagte, ich habe Ihnen doch fünfunddreißig Millionen überwiesen, und das konnte so ziemlich jeder im Restaurant hören. Wieder und wieder ging mir der gestrige Abend durch den Kopf, bis plötzlich das Telefon klingelte.

„Ja hallo", meldete ich mich und ich hörte eine Frauenstimme sagen: „Wenn Sie den Jungen wiederhaben wollen, dann fahren Sie übermorgen mit zwanzig Millionen Doller den Lincoln Highway in Richtung Süden bis nach Vacaville und halten abends um acht am Motel Six Vacaville.

Dort ist ein Zimmer für Sie reserviert. Gehen Sie auf das Zimmer, schieben den Koffer mit dem Geld unter das Bett und fahren wieder." Im Hintergrund hörte ich am Telefon jemanden leicht hüsteln und fragte: „Was ist mit dem Jungen?" „Er wird dann einige Meilen weiter auf dem Lincoln Highway in Richtung Sacramento auf Sie warten. Und keine Polizei, verstanden?", sagte die Frauenstimme und beendete das Gespräch.

Ich legte den Hörer auf, holte mir ein Bier und setzte mich. Was war das für ein hüsteln? Diese Art zu husten kannte ich und mir fiel ein, dass ich gestern, noch auf dem Weg zu Appelmans Tisch, am Nachbartisch Joe Parker im Augenwinkel sah. Mein alter Kumpel aus der Jugend.

Seine Eltern hatten eine kleine Farm unweit unserer und wir beide hatten früher eine Menge Blödsinn veranstaltet, aber unsere Wege trennten sich irgendwann. Und mir fiel ein, dass er später ziemlich am Arsch war. Drogen, Einbruch, Autodiebstahl, Knast usw., das ganze Programm.

Sein dauerhaftes Husten oder besser gesagt Hüsteln hatte er durch eine Lungenkrankheit aus seiner Kindheit und diese Art zu husten war wirklich unverwechselbar.

Dieses kleine miese Arschloch wollte ausgerechnet seinen alten Kumpel ausnehmen!

Joes Mutter lebte noch auf der Farm, das wusste ich von dem alten John, und ich wusste das Joe für seine Mutter alles machen würde, und von daher beschloss ich mein Problem auf meine Art und Weise zu lösen. Ich holte mir erneut ein Bier aus dem Kühlschrank, kramte dann den alten Revolver meines Dads aus dem Kleiderschrank, trank die Büchse leer und machte mich auf den Weg zu Joes Mom.

Es brauchte nicht sehr lange bis zu Parkers Farm, denn ich trat ordentlich aufs Gaspedal und holte alles aus meiner alten Karre heraus, was nur irgendwie möglich war, klopfte an der Haustür und wartete, bis Joes Mom die Tür öffnete. „Peter? Peter Thomson?", fragte sie mich verwundert und ich nickte mit dem Kopf.

„Es tut mir leid Mrs. Parker aber ich bin nicht zu Besuch. Joe hat meinen Jungen entführt und ich bin hier um ihn wiederzubekommen", sagte ich ihr während sie mich hereinbat und wir in die Küche gingen. Sie setzte sich an den Tisch während ich stehen blieb.

„Was hat er gemacht?", fragte sie entsetzt. „Ja, sie haben schon richtig gehört Mrs. Parker und ich bitte Sie nun Joe anzurufen", sagte ich ihr und sie nahm das Telefon und wählte seine

Nummer. „Joe, hier ist Deine Mom", meinte sie noch, als ich ihr den Hörer abnahm und sagte: „Joe, hier ist Pete. Du hast genau zwei Stunden Zeit um mit meinem Jungen hier aufzukreuzen. Solltest Du nicht pünktlich sein werde ich Deiner Mom zuerst die Hände und dann ihre Füße abhacken. Also ich rate Dir, beeile Dich und wenn der Junge nur einen Kratzer am Leib hat, wirst Du es bereuen. Denk an Deine Mom und an meine Worte." „Pete mach kein Scheiß", sagte Joe und ich antwortete: „Der Scheiß liegt bei Dir, Joe", und ich legte den Hörer auf.

Mrs. Parker sah mich mit einem sehr ängstlichen Gesicht an und fragte mich: „Warum hat Joe das gemacht?" Ich öffnete den Kühlschrank, nahm zwei Flaschen Bier heraus, öffnete sie und stellte ihr eine Flasche auf dem Tisch. Ich glaube, sie war schon über achtzig, aber ohne zu zögern, nahm sie das Bier, stieß mit mir an und trank daraus. „Ach Wissen Sie Mrs. Parker, Joe wollte schon immer Dinge die ihm nicht gehörten. Er kann von Glück reden, dass ich ihn nicht an die Coups verpfeife." „Dein Vater hat mir nie erzählt, dass Du einen Jungen hast?", fragte sie mich, und ich nahm einen Schluck, nickte mit dem Kopf und sagte: „Er hat es nicht gewusst."

Die folgende Zeit zog sich ein wenig in die Länge, aber es kam der Moment, als ich ein Auto vorfahren hörte. Ich nahm den Revolver aus meiner Hose und Mrs. Parker erschrak. Die Haustür öffnete sich. „Mom, Mom bist Du da?", sagte Joe und sie antwortete ihm: „Ja ich bin hier in der Küche."

Joe kam langsam herein und sah seine Mom am Tisch sitzen und ich hinter ihr stehend mit dem Revolver im Anschlag. „Pete, hey nimm die Kanone runter", sagte er, und ich fragte ihn: „Wo ist der Junge?" „Er sitzt draußen im Wagen, ein wirklich guter Junge", antwortete er und fügte hinzu, „ihm fehlt kein einziges Haar, Pete." Ich blickte aus dem Küchenfenster, sah Mario hinten im Wagen sitzen.

„Wer ist die Frau auf dem Beifahrersitz?", fragte ich ihn und er sagte: „Meine Frau, Pete, nur meine Frau." „Sag ihr sie soll mit dem Jungen aussteigen und hierherkommen und sie soll die Autoschlüssel mitbringen", sagte ich ihm, und er antwortete darauf: „Die habe ich schon hier. Ich lege sie hier hin, Pete." Er legte die Wagenschlüssel auf dem Küchentisch und ging zur Haustür um seiner Frau die Anweisungen zuzurufen. Während seine Frau aus dem Wagen stieg und ich sie mit einem Auge aus dem Küchenfenster beobachtete, ließ ich Joe sein Oberhemd ausziehen und einmal im Kreis drehen. Er drehte sich, hüstelte und fragte: „Pete, woher wusstest Du nur, dass ich Deinen Jungen habe?" Ich lächelte, nahm einen Schluck aus meiner Pulle und sagte: „Du hüstelst so einmalig, Joe." Seine Frau kam mit Mario herein und der Junge rannte sofort zu mir als er mich erblickte und rief: „Onkel Pete!" „Onkel?", sagte Mrs. Parker erstaunt, sah Mario an und fügte hinzu. „Dein Onkel sah früher genauso aus wie Du Mario, er ist nicht Dein Onkel, er ist Dein Vater."
Ich nahm Mario bei Seite und ging mit ihm langsam um dem Tisch, nahm Joes Wagenschlüssel und verließ rückwärts mit Mario das Haus, während ich gleichzeitig die Kanone im Anschlag hielt und auf Joes Mutter zielte, wobei ich schon manchmal variierte, mal zielte ich auf Joe und dann wieder auf seine Alte und wieder auf Joe. Wir stiegen in meinem Wagen und rasten zügig von Hof.

„Onkel Pete, was meinte die alte Frau damit, Du seiest mein Dad?", und ich antwortete ihm: „Das klären wir später." Ich schlug mit flacher Hand feste auf das Lenkrad und fluchte: „Verdammt Mario, warum hast Du das Zimmer verlassen?" „Der, der, der hat ´Zimmerservice´ gerufen und mich dann einfach geschnappt", stotterte Mario etwas verängstigt. Ich legte meine rechte Hand auf seinem Kopf und entschuldigte mich bei ihm. „Ich denke für heute haben wir genug erlebt", sagte ich und drückte noch etwas fester aufs Pedal, sodass wir rasch zu Hause in Sacramento ankamen.

Zu Hause hielten wir an einem der neuen Chinarestaurants, die zurzeit wie Pilze aus dem Boden sprießten, aber es war okay, es war mal was anderes als Steaks und wir beide bestellten uns Peking-Ente mit Reis und Gemüse. Hörte sich gut an und schmeckte auch klasse. Irgendwie asiatisch, hatte was, und während wir genüsslich unsere Entenkeulen knabberten, fragte Mario: „Wieso bist Du mein Dad?" Ich blickte ihn an, legte die Keule auf den Teller, wischte mir die Hände an der Serviette ab, nahm einen Schluck aus dem Bierglas und sagte: „Na ja, Deine Mom und ich waren mal zusammen, also so richtig", er schaute mich etwas verdutzt an, und ich fuhr fort, „so richtig ein Paar. Verstehst Du? Aber leider hat das mit uns nicht so hingehauen." Mario legte seine abgenagte Keule zur Seite, nahm sich nun die Entenbrust vor und fragte: „Und Ihr habt nicht geheiratet?"
„Ja richtig, ich meine nein das haben wir nicht, aber trotzdem bist Du irgendwie entstanden", antwortete ich und trank mein Glas aus. „Vielleicht sollten wir Deine Mom besuchen und sie fragen, ob das so richtig ist", meinte ich. „Ja, das sollten wir machen", antwortete er und trank seine Coke aus. Lächelnd fügte er hinzu: „Daddy".
Ich zwinkerte ihm ein Auge zu, bestellte mir bei dem Chinesen ein neues Bier und eine neue Coke für meinen Jungen.
„Bei Bonanza ist auch ein Chinese", meinte Mario und ich antwortete ihm: „Ja Hop Sing heißt der."
Er lachte laut und fragte den Chinesen, als er unsere Getränke brachte: „Heißt Du auch Hop Sing?"
Der Chinamann lachte und meinte: „Ich heißen Shi Zhongxin", und lachte, und Mario sagte: „Ich heißen Mario", und alle

drei lachten wir.

Gut gesättigt kamen wir zu Hause an und Mario schlief auf dem Sofa neben mir sitzend tief und feste ein. Selbst das Klingeln des Telefons bekam er nicht mehr mit und ich sprach mit Jackie.

Sie erzählte mir, das Appelman nun im Knast sei. „Sie haben ihn heute Mittag eingelocht", sagte sie, welches mich sehr sehr froh stimmte. Anschließend trug ich Mario ins Schlafzimmer, legte mich neben ihn, trank noch ein Döschen und beobachtete Mario beim Schlafen. Ich dachte über die Dinge der letzten sieben Tage nach und über die Bedeutung ein Kind zu haben, bis mir selber die Augen zu fielen und ich den Schlaf versank.

Am nächsten Morgen sprach ich mit Mary. Erzählte ihr, dass der Junge seine Mutter vermisst und wir sie besuchen wollen, aber es gefiel ihr irgendwie gar nicht was ich erzählte.

„Nein besser nicht und es ist viel zu weit! Ich bin hier in einem Sanatorium in Houston an der Ostküste, ihr könnt hier nicht so einfach vorbeikommen, das sind bestimmt zweitausend Meilen, Pete", sagte sie mit etwas aufgeregter Stimme.

Ich beendete das Gespräch und Mario stand nun auch auf. „Hast Du telefoniert?", fragte er mich, und ich antwortete ihm: „Ja mit Deiner Mom. Es ist alles okay bei ihr."

Dann rief ich die Auskunft an, erkundigte mich nach einem Sanatorium in Houston und bekam die Rufnummer vom Essex Mountain Sanatorium, ließ mich anschließend mit dem Rio Linda Airport hier in Sacramento verbinden und charterte für elf Uhr einen Heli.

„Wow, wir fliegen mit dem Hubschrauber?", fragte Mario erstaunt, und ich nickte mit dem Kopf. „Wir wollten doch Deine Mom besuchen, oder etwa nicht?", fragte ich, woraufhin er mehrere Luftsprünge machte und super, super, super schrie. Der Heli flog uns nach San Francisco und von dort stiegen wir in die nächste Boeing nach Houston.

Einige Stunden später am Nachmittag landeten wir in Houston und ein Taxi brachte uns zum Sanatorium. Erst wollten sie uns nicht hereinlassen, aufgrund eines Besuchsverbots, welches in den ersten paar Wochen nach Aufnahme im Sanatorium wohl üblich war, aber ich erzählte dem Pförtner das wir zweitausend Meilen gereist waren damit der Junge seine Mom besuchen konnte.

Der Pförtner zögerte noch, als ich ihm Hundert Dollar in seiner Hemdtasche stopfte, ließ er uns dann doch herein. „Eine Stunde, dann hole ich Sie wieder ab", sagte er und wir, Mary, Mario und ich spazierten eine Runde im hauseigenem Park. Es war schon ein merkwürdiges Gefühl, nach so vielen Jahren Mary zu begegnen. Der Junge hatte sich jedenfalls sehr gefreut. Mary hatte sich zumindest optisch um einiges verändert aber nun ja, auch an mir sind die letzten zehn Jahre nicht spurlos vorbeigerauscht. „Ist es wahr, dass Mario unser Sohn ist?", fragte ich Mary frei von der Leber heraus. Mario und ich blickten sie mit großen und gespannten Augen an. Mary druckste herum: „Wie kommst Du darauf?", fragte sie. Ich holte das Foto von meinem Dad und mir aus der Hosentasche und gab es ihr. „Bist Du das?", fragte sie mich.

Über ihre Wange lief eine Träne. „Ja mit meinem Dad, damals war ich etwa in Marios Alter", antwortete ich ihr. „Ja stimmt, Deinen Dad habe ich damals kennengelernt", erwiderte sie und schaute erneut auf das Foto. „Ich wusste nicht, das ich schwanger war, als wir uns trennten, Pete."

Wir setzten uns auf eine Bank. Mary nahm Mario in den Arm und sagte zu ihm: „Ja es ist wahr. Onkel Pete ist in Wirklichkeit Dein Daddy, mein Junge." „Aber warum habt ihr nicht ge-heiratet?", fragte der Junge und Mary antwortete: „Das ist nicht so einfach zu erklären. Wir, also Dein Dad und ich, haben beide eine Menge Fehler gemacht und es ist nun mal so gekommen wie es gekommen ist. Nicht jedes Paar heiratet gleich, Mario. Manchmal geht jeder wieder seine eigenen Wege." „Könnt ihr denn jetzt nicht mehr heiraten?", fragte er und ich antwortete ihm: „Weißt Du, zum Heiraten muss man sich sehr sehr lieb haben und Deine Mom und ich lieben uns nicht mehr, zumindest nicht mehr so wie früher und dann ist es nicht gut, wenn man heiratet, verstehst Du?" „Ich glaube, ich verstehe", erwiderte Mario mit gesenktem Kopf. „Sei nicht traurig, Du wirst immer unser Sohn bleiben und ich werde in San Francisco ein Haus kaufen mit einem großen Pool und Du kommst, so oft Du möchtest zu mir, vorausgesetzt Deine Mom ist einverstanden damit", sagte ich, während Mary mit dem Kopf nickte und dem somit schon zustimmte.

Ich wollte mir gerade eine Kippe anstecken, als der Pförtner mit großen Schritten auf uns zukam und sagte: „Also die Stunde ist nun um, meine Herrschaften."

Wir verabschiedeten uns von Mary und Mario war sehr tapfer, ließ sich seine Tränen nicht anmerken, obwohl sie ihm über die Wangen kullerten.

Wir verließen das Sanatorium und fuhren in einem Taxi zum Houston Airport. Der nächste Flieger nach Hause flog erst in vier Stunden und da wir beide mittlerweile riesigen Hunger hatten ließen wir es uns im Airport Restaurant gut schmecken, sodass wir im Anschluss direkt einchecken konnten.

Beide saßen wir mit unseren dicken Bäuchen im Flugzeug und Mario fragte mich: „Wie groß wird der Pool denn werden?" „Na ja, sodass man auch richtig schwimmen kann im Pool und mit einem großen Garten wo wir auch mal ein bisschen mit dem Ball kicken können", antwortete ich und fuhr fort, „und Du bekommst ein großes Zimmer". Ich blickte ihn an und er nickte langsam träumend in den Schlaf. Die Stewardess brachte uns zwei Decken und ich schlief dann auch ein.

Es war schon Mitternacht durch, als wir zu Hause ankamen und uns ins Bett legten. Mario fragte erneut nach dem Haus mit Pool und Garten bis er erneut einschlief.

Am nächsten Morgen besorgte ich mir eine dieser Immobilienzeitungen, setzte mich mit einem Kaffee aufs Sofa und stöberte die Inserate durch. Das ein oder andere Objekt las sich sehr gut und ich kreuzte sie mir an um diese zu besichtigen, nur diese Preise hatten es schon in sich. Ein, zwei, drei Millionen Dollar waren scheinbar völlig normal. Ich rief sie nacheinander an, um auch direkt schon für heute Besichtigungstermine zu vereinbaren, sodass wir uns nach dem Frühstück auf dem Weg machten, um uns die Villen anzusehen. Das erste Objekt war schon nicht schlecht, hatte so ziemlich alles, was wir uns so vorstellten, einen wirklich großen Pool, einen tollen großen Garten, super Raumaufteilung, aber leider war es etwas weit raus außerhalb der Stadt, und das war mir nicht so recht. Immerhin wäre ich die meiste Zeit alleine in diesem riesigen Haus und das ist mir dann doch etwas zu einsam. Die nächsten drei Häuser lagen zwar alle bei oder sogar in San Francisco, hatten aber nur einen Minipool oder einen viel zu kleinen Garten. Ich hätte nicht gedacht, dass solche Besichtigungen so ermüdend sein konnten. Na ja jedenfalls machten wir eine Mittagspause am Meer im Cliff House. „Hey, hier waren wir schon mal mit Jackie", stellte Mario fest. „Das beste Steak in ganz Kalifornien", fügte er hinzu. Ich lachte und der Ober kam zu unserm Tisch und sagte zu Mario: „Ja kleiner Mann, das beste Steak in ganz Kalifornien." Plötzlich, für einen kurzen Moment, wackelte der Boden unter unseren Füßen und die Gläser in den Regalen klimperten. Wir drei sahen uns mit großen Augen an, als es sich schon wieder beruhigte.

„Ein Erdbeben", sagte der Kellner und mir wurde bewusst, das ich in San Francisco kein Haus kaufen sollte.

Es war nicht das erste Mal das hier die Erde wackelte, eigentlich ist hier ständig irgendwas am wackeln und am Klimpern, und hier ein Haus zu kaufen auch nicht gerade das Gelbe vom Ei sei. „Zwei Steaks, ein Bier und eine Cola", bestellte ich beim Ober, und er verschwand mit einem leicht verschmitzten Lächeln in die Küche.

„Ich denke, wir sollten nach Hause fahren, um dort noch nach einem Haus zu sehen", sagte ich, schlug die Zeitschrift auf und las Mario ein gut klingendes Inserat vor: „Tolles Haus auf einem tausend Quadratmeter Grundstück mit großem Pool und großem Garten. Sechs Zimmer, drei Bäder, Kellerbar inklusive Zapfanlage und Billardtisch, Sauna mit direktem Ausgang zum Pool und einem schönen Blick auf die City. Voll möbliert, aus Altersgründen abzugeben und das ganze für nur sage und schreibe 1,5 Millionen US-Dollar." Ich muss sagen, dass mit der Zapfanlage gefiel mir jetzt noch am besten, dachte ich mir, hob den Kopf, blickte zu Mario und sagte: „Hey das hört sich doch geil an, oder?" „Geil?", wiederholte Mario mich. „Geil? Habe ich geil gesagt? Gut, meinte ich, Mario, gut", korrigierte ich mich erneut, als der Ober uns die Getränke brachte. „Sagen Sie mal, haben Sie hier ein Telefon?", fragte ich ihn und er antwortete: „Ja Sir, gleich hier vorne an der Bar", und zeigte mit seiner Hand den Weg. Ich nahm einen großen Schluck, stand auf, ging zur Bar ans Telefon und wählte die in der Anzeige stehende Rufnummer. „Hallo", hörte ich eine Stimme erklingen.

„Ja guten Tag", erwiderte ich und fuhr fort, „hier ist Pete Thomson und ich habe Ihr Inserat gelesen, würde mir gerne mal das Haus ansehen, wäre es so in einer Stunde möglich?" „Ja kein Problem, kommen Sie ruhig vorbei", antwortete die Stimme eines alten Mannes. Er gab mir noch die Adresse in Sacramento und ich verabschiedete mich mit einem freundlichen, Thank you, Sir.

Zurück am Tisch, wo Mario seine Cola schlürfte, nickte ich ihm zu und sagte: „Wir haben gleich noch einen Termin, mein Junge."

Es war schon ein komisches Gefühl, neben mir Mario anzusehen, wie er sein Steak verputzte, mein eigener Sohn, mein Fleisch und Blut, und gleich ein 1,5 Millionen Dollar Haus zu besichtigen, und es vielleicht auch zu kaufen. Ja, wirklich komisch, irgendwie kribbelte es in mir, aber ich hatte auch ein saugutes Gefühl dabei. Ja, es war wirklich komisch. Zurück in Sacramento standen wir vor diesem Haus. Es machte einen sehr freundlichen und einladenden Eindruck. Ein wirklich alter, ich würde schon sagten, sehr betagter Herr öffnete die Tür und sagte: „Hallo Sie müssen Mr. Thomson sein." „Ja", antwortete ich ihm, „und das hier ist mein Junge Mario." Er schüttelte Marios Hand und meinte: „Sehr erfreut, kleiner Mann. Ich bin Lewis Logan und ich zeige euch gerne mein Haus, immer hereinspaziert." Während er uns nun jede Ecke seines Hauses zeigte erzählte er, dass er nicht mehr so könne wie zu früheren Zeiten und er jetzt zu seiner Tochter nach San Francisco ziehen werde. Seid dem Tode seiner Frau, ist es ihm immer schwerer gefallen das Haus in Schuss zu halten. Er führte uns wirklich zu jedem Winkel des Hauses und hatte immer direkt eine passende Story dazu.

Nach einem kompletten Rundgang und an der Haustür stehend fragte ich Mario: „Was meinst Du, Mario?", und er sah mich mit großen strahlenden Augen an und sagte dann: „Tolles Haus, Daddy. Ein wirklich tolles Haus." Ich reichte dem alten Herrn die Hand und sagte zu ihm: „Also wenn das Haus einhunderttausend weniger kosten würde, würde ich es Ihnen sofort abkaufen", und blickte daraufhin Mario an. Er schüttelte noch meine Hand, blickte ebenfalls Mario an, überlegte einen kurzen Moment und meinte: „Einverstanden, Sie haben soeben ein wirkliches Schnäppchen gemacht. Ich werde noch heute

mit meinem Anwalt und Notar telefonieren und wenn Sie wollen können Sie schon in den nächsten Tagen hier einziehen. Mein gesamtes Hab und Gut habe ich schon bei meiner Tochter in San Francisco deponiert, also wenn das mit dem Notar rasch über die Bühne geht, steht dem nichts mehr im Wege." „Das wäre ja super, ich werde mich morgen nach dem Stand der Dinge bei Ihnen informieren, Mr. Logan", erwiderte ich und ließ seine Hand los um mit Mario das Haus zu verlassen. Draußen vorm Haus hob ich Mario hoch, sodass ich ihn im Arm hielt und auf Augenhöhe zu ihm sagte: „Jetzt haben wir beide mal eben ein Haus gekauft für schlappe 1,4 Millionen US-Dollar." „Ja und so ein schönes", fügte Mario hinzu und drückte mich ganz feste an sich, und ich hielt ihn feste im Arm und spürte eine innere Glückseligkeit in mir. Ein Gefühl, welches ich noch nie in mir spürte.
Beide waren wir ganz euphorisch und fuhren nach Hause. Schmiedeten gleich Pläne, welches Zimmer Marios Zimmer wird, und ob wir auch um die Wette schwimmen werden in unserem neuen Pool u.s.w.

Am nächsten Morgen waren wir immer noch ganz aus dem Häuschen oder besser gesagt, in dem Häuschen. „Ich habe ja noch gar keine Möbel für mein Zimmer", stellte Mario fest und ich antwortete ihm: „Stimmt, vielleicht sollten wir heute welche für dich kaufen?" „Ja und auch noch einen großen Bilderrahmen, wo ich das Trikot von Montana einrahmen kann." „Gute Idee", fügte ich hinzu. Also machten wir uns auf dem Weg in die City, ins größte Möbelhaus der Stadt, suchten uns das ein oder andere Teil aus und bestellten es zur Lieferung an die neue Adresse.
Stunden später, nachdem wir alles mögliche einkauften und zu Hause gerade aus dem Auto stiegen, versetzte mich ein kräftiger Schlag auf dem Schädel ins Koma.

Im Hospital kam ich so langsam wieder zu mir. Neben meinem Bett stand Mario und hielt meine Hand, während sein Kopf auf mein Bauch lag und ich ihn wimmern hörte: „Bitte, bitte Daddy wach doch wieder auf." Ich legte meine andere Hand auf seinen Kopf. „Ich bin wach, mein Junge. Was ist passiert?", fragte ich mit schwerem Schädel. „Die Neger waren das, die haben Dich zusammengeschlagen. Oh Dad, ich bin ja so froh, das Du wieder wach bist", schluchzte Mario. Ich sah in an und bemerkte seine angeschwollene Unterlippe. „Was haben sie Dir angetan?", fragte ich völlig entsetzt. „Als Du zu Boden ging's Dad und sie noch auf Dir eingetreten haben, habe ich dem einen gegen sein Bein getreten und ihm in den Bauch geboxt, da hat er mir ins Gesicht gehauen", erzählte mir Mario als die Krankenschwester hereinkam. „Die Schweine, das werden sie büßen", fluchte ich und fragte die Schwester nach meinen Sachen. „Die hängen alle im Schrank Mr. Thomson", antwortete sie und ich richtete mich auf, blieb für einen Moment auf der Bettkante sitzen, weil sich alles in mir drehte. Die Schwester gab mir noch eine Schmerztablette und verschwand aus dem Zimmer mit den Worten: „Der Arzt wird gleich zu Ihnen kommen, legen Sie sich besser wieder hin. Sie haben eine schwere Gehirnerschütterung Mr. Thomson."
„Gib mir bitte meine Hose", sagte ich zu Mario, aber er weigerte sich. „Was ist los?", fragte ich erstaunt. „Du hast doch die Schwester gehört, Du sollst Dich wieder hinlegen, antwortete er."
Ich schlug die Bettdecke zur Seite, ließ meine Beine aus dem Bett baumeln und merkte einen fürchterlichen Schwindel der mich gleich wieder zum Hinlegen animierte.
„Siehst Du", sagte Mario ganz forsch. „Ich glaube, ich muss kotzen", sagte ich ihm, und während er mir eine Brechschale hinhielt, schoss es mir auch schon aus dem Kopf. Er klingelte nach der Krankenschwester die auch rasch ins Zimmer

hereinstürzte und mir eine neue Brechschale hinhielt, die ich ebenfalls vollkotzte.

„So ein Scheißdreck", fluchte ich und spuckte in die Schale. Kurze Zeit später kam der angesprochene Arzt ins Zimmer und schüttelte mit dem Kopf: „Sie wollten doch etwa nicht aufstehen Mr. Thomson?" „Nö, warum fragen Sie?", erwiderte ich ihm. „Ich denke, Sie sollten noch mindestens zwei bis drei Tage im Bett verbringen. Wir haben Ihren Kopf geröntgt und Sie können von Glück reden, dass Ihnen nichts Schlimmeres passiert ist. Ach und vor der Tür stehen zwei Cops, die mit Ihnen sprechen wollen. Ich werde sie jetzt hereinlassen", sagte der Doc und verschwand.

Den Cops erzählte ich, dass mir die Hellriders langsam auf dem Sack gingen und ich mir solche Übergriffe zukünftig nicht mehr gefallen lassen werde, zumal sie meinen Jungen ebenfalls geschlagen haben und er ist erst zehn. Wo soll das denn hinführen? Wenn, schon Kinder bedroht und geschlagen werden und sie gaben mir durchaus recht. „Bitte lassen Sie uns das regeln", sagte der Eine und der Andere fragte: „Mr. Thomson, sagt Ihnen der Name Bill Appelman irgendwas?"

Ich überlegte kurz und erwiderte dann: „Ich glaube, ich habe den Namen schon mal in der San Francisco Chronicle gelesen, aber ich kann mich auch täuschen." Nach seinem Blick zu urteilen, nahm er mir das nicht ab, und er wusste wohl genau, dass mir der Name etwas ganz Besonderes sagte, aber er meinte dann: „Das kann schon möglich sein, Mr. Thomson. Und ist Ihnen ein Mr. John Fryling bekannt?" Ich nickte leicht mit meinem schweren Schädel und sagte: „Ja, das ist ein alter Nachbar meiner Eltern draußen auf dem Robinson Creek Canyon. Warum fragen Sie?" „Er ist verstorben, aber das werden wir Ihnen noch alles erklären, wenn Sie wieder aus dem Krankenhaus sind. Denn dann müssen Sie und Ihr Junge ohnehin noch eine Aussage auf der Police Station machen."

Die Tablette schien zu wirken, denn die Schmerzen ließen nach und das Gefühl kotzen zu müssen verschwand ebenfalls so wie die Cop´s. Erneut richtete ich mich auf, ließ meine Beine aus dem Bett baumeln und stand nun langsam auf. Mario saß auf dem Stuhl und er war hundemüde. Sein Kopf fiel wieder und wieder nach vorne um dann jedes Mal schreckhaft aufzuwachen um seinen Kopf zu heben, bis er wieder nach vorne fiel. Ich ging langsam und leise zum Schrank, zog mir meine Hose und mein Shirt über und weckte Mario. „Was ist los?", fragte er erschrocken und ich sagte: „Wir fahren nach Hause." Es war schon am Abend und leise schlichen wir aus dem Hospital. Mario protestierte nicht einmal, so müde wie er war, war es ihm offenbar egal. Draußen stand ein Taxi parat und fuhr uns direkt nach Hause. Als Erstes zog es mich zum Kühlschrank und ich öffnete mir ein Döschen, während Mario sich direkt ins Bett legte und sofort einschlief, zog ich mir das Bier mit einem Atemzug die durstige Kehle hinunter, legte mich dann zu Mario ins Bett und verschwand ebenfalls in den Schlaf.

Am nächsten Morgen ging es mir irgendwie nicht viel besser als noch am späten Abend zuvor, aber dennoch wollte ich hier nicht bleiben. So packte ich uns einige Klamotten ein, ging vorsichtig unter die Dusche um meinen geschundenen und mit blauen Flecken übersäten Körper zu reinigen und weckte danach Mario. Während Mario nun im Bad verschwand, kochte ich mir einen Kaffee und ein Kakao für meinen Sohn. Das Telefon klingelte und es war mein alter Freund Borro. Er gratulierte mir für den Deal mit Appelman und auch er teilte mir mit, dass Appelman im Bau sitzt. „Du hörst Dich irgendwie bedrückt an. Was ist los? Du solltest Dich doch freuen?", fragte er und ich erzählte ihm, dass mir hier eine schwarze Gang namens Hellriders gehörig auf den Sack gingen. Ich erzählte ihm, dass sie mittlerweile den Jungen schon zweimal an die Wäsche gegangen sind und ich wegen denen einen halben Tag im Hospital gelegen habe. Erzählte ihm, dass ich das nicht mehr dulden werde und das Heft nun selber in die Hand nehmen müsste.

„Das werde ich für Dich regeln. Wie heißen die Burschen? Hellriders?", fragte er und fuhr fort: „Das ist schon so gut wie erledigt, Pete. Mach Dir keine Sorgen, darum kümmere ich mich."

Nach dem knappen Frühstück stiegen wir in den Wagen und fuhren über den West Side Freeway Richtung Süden. Heute war es wieder brütend heiß und im Radio kündigten sie weitere heiße Tage an. Mir war irgendwie unklar wohin die Reise gehen sollte, aber das war mir schon seit zwei Wochen völlig unklar, und mir viel ein, dass ich ja noch Mr. Logan anrufen wollte. So bog ich vom Freeway ab und stoppte am Lake Greenhaven. Dort war ein kleines Lokal und ich kramte die Rufnummer von Mr. Logan aus meiner Hosentasche. Im Lokal tranken wir etwas, ein Bier und eine Limo, und ich rief Mr. Logan an. „Hallo Mr. Thomson. Ich hatte schon auf Ihren Anruf gewartet", sagte er, und ich erwiderte ihm: „Mr. Logan, ich war gestern leider etwas verhindert und hatte es nicht geschafft Sie telefonisch zu erreichen. Ich hoffe, es ist nicht so schlimm?" „Nein nicht schlimm", sagte er. „Ich habe mit meinem Anwalt gesprochen und er sagte, dass er für heute den Kaufvertrag fertig machen würde, und wir könnten noch heute zur Unterschrift vorbeikommen. Wenn Sie nachher Zeit haben, so um fünf Uhr würde es mir sehr gut passen, dann könnten wir alles über die Bühne bringen. Allerdings müssten Sie einen Scheck über 1,4 Millionen US-Dollar und eine Bestätigung Ihrer Bank über die Deckung dieser Summe mitbringen. Wäre das okay für Sie?", fragte er mich. „Kein Problem denke ich", antwortete ich ihm. Er gab mir die Adresse seines Anwalts und wir verabschiedeten uns bis später.

Daraufhin rief ich meine Bank an, erklärte ihr die Situation, und ich könne die Bescheinigung in zwei Stunden abholen. Nach zwei weiteren Bierchen fuhren wir wieder zurück bis zur Bank. Dort stellte ich einen Scheck aus, ließ ihn von dem Bankmann bestätigen und mir eine Bescheinigung über die Deckung geben.

Mario war völlig aufgeregt, aber mir ging es nicht viel anders, und nachdem wir uns im Restaurant unweit der Bank die Bäuche voll geschlagen haben, fuhren wir zu Mr. Logans Anwalt. Das Prozedere bei ihm war doch rasch erledigt und er überreichte uns die Schlüssel vom Haus.

„Ich wünsche Ihnen viel Freude und Glück mit Ihrem neuen Haus", sagte er, und wir schüttelten unsere Hände.

Wir konnten es beide kaum erwarten und ich trat ordentlich aufs Gaspedal. Da standen wir nun vor dem neuen Haus. Ich parkte das Auto vor der Garage und wir gingen sofort hinein um auch gleich wieder in den Garten hinauszugehen. Vorm Pool stehend konnten wir beide nicht anders, als uns anzusehen, um den einen Gedanken in die Realität umzusetzen. Wir nahmen etwas Anlauf und sprangen samt unserer spärlichen Kleidung hinein, hinein ins kühle Nass. Und während wir uns gegenseitig mit Wasser bespritzten und uns die Köpfe unter Wasser drückten, kam es mir vor wie im Film. Ja, alles war irgendwie unwahr. Vor einigen Tagen hatte das Leben keine sinnige Bedeutung für mich gehabt und jetzt? Jetzt drücke ich meinem Jungen in unseren eigenen Pool den Kopf unter Wasser und das mit einem beachtlichen Kontostand! Ist das irre!
Ein neues Leben beginnt!

Bis die Sonne uns verschluckt!

Leben wird genommen und Leben wird gegeben,
das ist der Lauf der Dinge hier auf Erden,
hier in unserem Universum,
hier in unserem Dasein
und Tag für Tag
sowie Jahr für Jahr
bis zur Ewigkeit oder wie viel Milliarden von Jahren?
Und dann soll mal Einer was sagen, ob mit oder ohne einem
Fläschchen vor sich auf dem Tisch
stehend.

Zeitfracht Medien GmbH
Ferdinand-Jühlke-Straße 7
99095 Erfurt, Deutschland
produktsicherheit@kolibri360.de